¡Trasciende!

Quo vadis negociador

Pompeya, Italia. Foto: Habib Chamoun-Farah

Pilares de la negociación trascendental

Dr. Habib Chamoun-Nicolás

en colaboración con

Enrique Martin Baena

Dr. Randy D. Hazlett

Hernan Pereda Bullrich

Libro *¡Trasciende!*
Numero de Control de la Biblioteca del Congreso
LCCN: 2015914798
ISBN- 978-0-9728317-3-4

Impreso en los Estados Unidos de América
Edición especial, primera edición ©2016
Dr. Habib Chamoun-Nicolás

Portada por la artista Claudette Farah Chalita, www.claudettefarah.com

Cada uno tiene una montaña que escalar en la vida llena de obstáculos ... Vive y !Trasciende!

AGRADECIMIENTOS

A Dios, por el don de poder expresar en esta obra la forma de trascender en la negociación. A mi esposa Marcela, mi mejor mitad, sin cuyo apoyo incondicional no sería posible este trabajo. A mis cuatro hijos, por su paciencia y consideración, y por aportar sus talentos en el desarrollo de este libro. Gracias, Habib, Emile, Antoine y Marcelle.

A mis colaboradores en Madrid, Houston, Tulsa y México D.F., por la paciencia y el esmero en el trabajo arduo y específico que realizamos en equipo. Todos venimos de diferentes contextos y disciplinas académicas, y físicamente nos encontramos en distintos puntos geográficos.

A dos personas a quienes admiro y tengo la fortuna de considerar como parte de mi familia. Por un lado, a Enrique Martín Baena, quien de manera brillante ha sabido interrelacionar conceptos del mundo filosófico y antropológico con el campo de los negocios; parte del material expuesto en este libro proviene de su tesina *Neumatología y discernimiento espiritual ignaciano* (Madrid, 2001). Por otro, a Hernán Pereda Bullrich, gran comunicador e historiador, por contribuir con los conceptos de trascendencia tratados en su obra *El sentido de la historia*.

A mi amigo, colega y colaborador de muchos años, el Dr. Randy Hazlett, por su valiosa colaboración científica y académica y por cuidar la calidad de los datos presentados en esta obra. Asimismo, mi gratitud a Elena Moreno Ugena, quien vela desde Madrid por la calidad del escrito.

A una mujer líder, ética, con principios y valores fundamentales en la unión familiar, mi amiga Josefina Vázquez Mota, quien nos honra con el prólogo de este libro. Ella es un ejemplo contemporáneo de alguien que trasciende, pues ha dejado huella como la primera mujer candidata a la presidencia de la República Mexicana por un partido mayoritario.

A mi apreciado profesor David Noel Ramírez, Rector del Tecnológico de Monterrey en México, por su emotiva introducción a este libro.

A mi querida sobrina Clau Farah Chalita, por "vivir" la trascendencia en su obra.

A mis hermanos Yamal, Anuar (+) y Soraya. Gracias.

A mi amigo Alfonso Daumas y familia, por compartir sus historias.

A mi querida editora Luza Alvarado, por hilar los detalles finales y hacer que el contenido de este libro se engrane en un solo ton y son.

A los colaboradores académicos en Guatemala, especialmente a la Lic. Ana Izabel de Matta Vega, de la Universidad del Istmo, con quien trabajamos la investigación de negociación intracultural e intercultural que aparece en este libro.

A los medios de comunicación que han aportado información a esta obra, como *El Diario* de Cádiz y *El Mundo* de Andalucía, y a todo el equipo de *Vallarta Opina*. Especialmente, agradezco a Don Luis Reyes Brambila y a Miguel Ángel Ocaña Reyes.

A mis colegas del proyecto Rethinking Negotiation Teaching, gracias por autorizar el uso de parte de las investigaciones publicadas por ustedes, especialmente gracias a Christopher Honeyman, James Coben, Giuseppe De Palo, Kenneth H. Fox, Andrea Schneider, Melissa Manwaring.

A mis colegas de Novancia Business School of Paris, el Dr. Doudou Sidibe y Emmanuelle Khvatov; al Dr. Angel Algarra, Sergio Cardona Patau, Alejandra Villena y Carmen Fernández, del CEU San Pablo, en Madrid; y al Dr. Carlos G. Wagner, presidente del Centro de Estudios Fenicios y Púnicos de la Universidad Complutense de Madrid (CEFYP), por su apoyo en el viaje académico "Explorando la Ruta Fenicia", que nutre parte de esta obra. Un agradecimiento especial al Dr. Carlos G. Wagner, por sus aportaciones de anécdotas fenicias en esta libro, así como a mis amigos Salim Khalaf y al Dr. Nick Kahwaji.

A los Cooperadores Parroquiales de Cristo Rey (CPCR) de todo el mundo, especialmente los de Madrid y Argentina: a los padres Philippe Barbier, Hugo Massimino, Francisco Domínguez, Rafael García y Hermanos.

A todos los amigos gaditanos, en especial al Dr. Manolo Calero, a los arqueólogos José María Gener y Ana Niveau, y a los amigos ateneístas de Cádiz, Don Enrique García Agullo y Francisco Glicerio Conde Mora.

A mi amigo, el Dr. Christian Joksch, por su apoyo en la filmación del proyecto de Cádiz-Puerto Vallarta.

A la Universidad de St. Thomas, en Houston, a Cameron School of Business, a IMADEC University, a McCombs School of Business UT Austin, Texas A&M Kingsville, a la Universidad del Istmo, al Tecnológico de Monterrey –campus Saltillo, Querétaro, León, Irapuato, Torreón–, a la UPAEP, a Novancia Business School of Paris, al CEU San Pablo, en Madrid.

A mis colegas James Chiu, José Antonio Hernández Ruiz, Victoria Alejandra Valdés, Sandra Maycotte Felkel, Dr. Francisco Valderrey, Pedro Carreón Gutiérrez, Walid Sabaj, Dr. Genaro Gutiérrez, Giovanni Rolando Solís y Arturo Oliver. A mi querido amigo y colega Antonio Sánchez Díaz de Rivera, de la Universidad Popular Autónoma del Estado de Puebla (UPAEP), y a mi estimado Dr. Guillermo Cantú, profesor investigador de la Universidad Panamericana. Al reverendo Frank Donio y a mi estimado Armando Regil. A mi estimada Audrey R. Tetteh, directora del proyecto ICONS de la Universidad de Maryland. A los monjes cistercienses del Monasterio de la Santa Cruz, Austria, y especialmente al Dr. Karl Josef Wallner, profesor y rector de la Philosophisch-Theologische Hochschule Benedikt XVI, Heiligenkreuz.

A mis queridos colegas profesores de diversas universidades de negocios, especialmente a la Dra. Natalya Delcoure, Dra. Beena George, Dr. Bahman Mirshab, Dr. Shahram Taj, Dra. Vinita Ramaswamy, Dra. Sidika Gülfem Bayram, Dra. Sujin Horwitz, Dra. Elham Mousavidin, Dra. Charlene Dickman, Dr. Hassan Shirvani, Gracias.

Muchas gracias a todos por sus valiosos comentarios a esta obra.

A todas las personas que han contribuido directa o indirectamente en la realización de este libro. Si las nombrara a todas, no alcanzarían las hojas. A quienes he tenido la fortuna de conocer y que han aportado algo sin darse cuenta, estudiantes, clientes, colegas, familia, amigos… Y, en fin, a todos los que quieran trascender.

¡Gracias!
Habib Chamoun-Nicolás

ÍNDICE

PRÓLOGO

Querido lector,

Es mi deber advertir que una vez que usted abra la primera página de este libro, quedará atrapado.

Si está esperando encontrar métodos para lograr ventajas personales y comerciales unilaterales, debe leer urgentemente este libro. Si, por otro lado, pretende aprender cómo construir los fundamentos para convertirse en un extraordinario negociador en el mundo profesional y también en la vida diaria, tiene en sus manos la lectura indicada.

Cuando mi amigo Habib Chamoun me invitó a escribir el prólogo de este libro, esperaba encontrarme "lecciones" para lograr magníficas negociaciones, un manual con recomendaciones objetivas y pragmáticas. Nada más lejos de lo que este texto nos enseña y nos alienta a construir.

Habib Chamoun comparte valiosas experiencias personales e invita a conocer qué sucede cuando se rompen las premisas que la mayoría supone como "normales" o "indispensables" para lograr "salirse con la suya" en una negociación. Para poder trascender, sostiene Habib, hay que negociar bajo los mandatos de la fortaleza, la justicia, la prudencia, la templanza y el discernimiento. Sólo conociendo a nuestro interlocutor desde la dimensión humana, respetando su dignidad, construyendo un punto de partida justo, hablando con la verdad y honrando los acuerdos, llegaremos a ser como los fenicios en la historia de la humanidad, los mejores negociadores del mundo.

Negociar, entonces, es lo opuesto a manipular, a tomar ventajas abusivas y con beneficios unilaterales. Para negociar como el autor nos invita, es indispensable trabajar primero en nosotros mismos y tomar la decisión de trascender, es decir, de estar dispuestos a SER, por encima del TENER y del HACER.

La negociación rebasa por mucho a la dimensión económica. Esto significa construir acuerdos ganadores para ambas partes, pero basados en la empatía, en la capacidad de escuchar al otro y comprender su entorno cultural, y en la honestidad al poner todas nuestras cartas sobre la mesa. Si queremos trascender en cada una de nuestras negociaciones, la idea de guardarse un as bajo la manga para sorprender a nuestro interlocutor es obsoleta y perdedora. Ser más íntegros y no más pragmáticos es justo el mejor camino para ser eficientes en nuestras negociaciones diarias y construirnos a la vez como mejores seres humanos.

¿Es posible formar una comunidad de negocios honesta y ganadora, una comunidad en donde la ética y la solidaridad sean la regla y no la excepción? Sí, si aprendemos y decidimos negociar con nuevos fundamentos, si nos proponemos alcances que trasciendan el mero intercambio de bienes, servicios o productos. Por ello, Habib Chamoun nos convoca a ser mejores seres humanos para ser mejores negociadores, a ampliar nuestra disposición, a ir más allá de nuestra percepción y superar los estereotipos con los que crecimos.

El poder de la fe sostiene principios aplicables a todo tiempo, cultura y circunstancia económica, principios que han gobernado con éxito el quehacer empresarial y la superación del ser humano. Lamentablemente, vemos con menos frecuencia la aplicación de valores éticos en la toma de decisiones y en la forma de negociar; el sentido de justicia ha perdido espacios importantes, mientras que la ambición desmedida se ha incrementado. Hemos perdido el sentido y el enfoque, no sabemos hacia dónde vamos o para qué queremos negociar.

Es importante tomar en cuenta que el ejercicio de las virtudes implica la observación cotidiana de lo que nos inspira la fe, la búsqueda del bien del prójimo y del bien común en general. Soltar el lastre para avanzar en la práctica se convierte en la llave del éxito. Ser congruentes, honestos, veraces y al mismo tiempo hábiles y audaces, es la combinación ideal para el buen negociador.

En el contexto actual de los negocios, la justicia resulta indispensable, puesto que el valor de la persona, su dignidad y sus derechos se ven constantemente amenazados por criterios utilitarios. Sin embargo, si queremos contar con una sociedad fuerte, prudente y justa, es imperante respetar la dignidad humana. Ese debe ser el sentido de la sociedad; el orden social y su desarrollo deben dar prioridad al bien de la persona. Como señala el autor, el proceso es tan importante como el resultado de la negociación, y si aplicamos estas enseñanzas durante el camino, aseguraremos un resultado positivo.

Este libro es realmente poderoso porque tiene la fuerza del testimonio de vida y la congruencia de su autor. Es poderoso también porque provoca un alto para reflexionar qué debemos aprender o fortalecer para lograr nuestros objetivos de negociación. Tengo la certeza de que si aplicamos lo que el autor nos propone con su estilo cercano, sabio y anecdótico, seremos mejores seres humanos, excelentes negociadores y, sin duda, personas más íntegras y felices. Las negociaciones serán entonces una herramienta y no un propósito en sí mismas.

Le invito a que ponga estos principios a funcionar en su empresa y a que vea la evolución que pueden alcanzar, no sólo en su propia compañía, sino también en su vida. Lea este texto con la convicción de que no será un libro más, porque sus enseñanzas lo acompañarán el resto de su vida.

Josefina Vázquez Mota

INTRODUCCIÓN

Es común que busquemos aprender de los demás. Pensamos que llenarnos de diplomas y tomar toda clase de cursos, seminarios y talleres nos hará mejores líderes, maestros, políticos, empleados o negociadores. Sin embargo, antes de hacer todo eso, deberíamos preocuparnos y ocuparnos de ser mejores personas. ¿Es malo obtener muchos títulos y capacitarse? No lo es, pero no hay que olvidar que todo cambio, todo aprendizaje se inicia con una decisión personal.

Habib Chamoun, junto con Enrique Martín, Randy Hazlett y Hernán Pereda, nos plantean en este libro el reto de descubrirnos, de reconocer nuestras fortalezas y debilidades, nuestros aciertos y desaciertos. Porque *¡Trasciende!* es más que un libro de negocios, es un libro para la vida, un texto que nos ayuda en todas las relaciones con nuestros semejantes, un viaje hacia el descubrimiento de nuestro ser y el de todas las personas con las que nos relacionamos.

Todos tenemos el poder de negociar, y para desarrollarlo, debemos encontrarnos con nosotros mismos y despertar el ser humano que llevamos dentro. Sólo reconociéndonos, seremos capaces de reconocer al otro, entender su naturaleza, valorarlo, escucharlo y obtener lo que queremos de él.

A lo largo de la lectura, el autor nos llevará a explorar cinco preceptos básicos que existen desde tiempos ancestrales: la prudencia, la justicia, la fortaleza, la templanza y el discernimiento, **"la columna vertebral de una negociación o actividad no sujeta a convencionalismos de turno, sino a fundamentos antropológicos de primer orden"**. La rapidez con la que vivimos, la evolución del mundo, el individualismo, el querer obtener lo que buscamos de manera fácil y rápida han ocasionado que olvidemos conceptos tan poderosos como los que nos propone el autor. Sin embargo, para hacer un gran cambio y convertirnos en grandes negociadores, tenemos que volver al origen; *back to basics,* como se dice en inglés.

En este libro, de manera clara y sencilla, con sustento teórico y teológico, con anécdotas, historias y ejemplos, brindándonos recomendaciones y metodologías e invitándonos a hacer una autoevaluación, iremos descubriendo cómo estos preceptos influyen en nuestras relaciones interpersonales y en nuestra convivencia diaria para lograr lo que buscamos.

¡Trasciende! es una lectura obligada para todos.

David Noel Ramírez

CAPÍTULO I

NEGOCIAR CON FE

Negociar con fe no es lo mismo que tener fe en la negociación. Monasterio Cisterciense de la Santa Cruz del Bosque de Austria.

LA MOTIVACIÓN

Existe mucha literatura sobre el tema de la negociación, pero son pocos los textos que se dediquen, como tema principal, a formar negociadores con principios y sentido ético. (Menkel-Meadow y Wheeler, 2004) Más escasas aún son las obras que hayan analizado al ser humano como negociador desde el punto de vista antropológico. Esa falta de literatura es la que nos motiva a escribir este libro. Hacerlo requiere unir lo antiguo con lo nuevo, lo tecnocrático con lo humanista, y conlleva a la formación de líderes negociadores con visión integral.

Este libro va orientado a todas las personas, porque toda relación humana implica una negociación. Lo decimos no para evadir el tema del mero intercambio de bienes materiales, sino para involucrar a esta actividad una visión más trascendente. La negociación no sólo es un instrumento para llegar a un fin, es el fin mismo, porque en cada negociación ponemos en juego todo nuestro ser, hay algo en nosotros que cambia.

Negociación no sólo es el típico regateo, el estire y afloje o la transacción distributiva. Además, por su matiz creativo y generador de opciones, es una búsqueda de permanencia y trascendencia. La negociación es un continuo danzar de posturas; a través de un proceso de comunicación y persuasión, las personas revelan sus intereses, generan opciones para satisfacerlos, llegan a un acuerdo, y si no lo hay, buscan la mejor alternativa.

A nuestro alrededor hay muchas muestras de trascendencia. En el castillo de Tencin, Eslovaquia, se encuentra esa piedra con inscripciones del emperador Marco Aurelio (179 aC). Ha trascendido hasta nuestros días, y su presencia fusiona lo antiguo con lo nuevo.

Si aplicamos a menudo el arte de negociar, es probable que pasemos de la transacción a lo trascendente. Pero ¿qué es trascender en la negociación? Cuando nos enfocamos en la transacción de simples objetos o servicios, no dejamos una huella en las generaciones futuras, ya que sólo estamos enfocados en el HACER y el TENER.

Los abuelos solían advertirnos que tuviéramos mucho cuidado de no hacer negocios turbios o sin bases éticas. Yo me acuerdo de esos tiempos en los que el nombre de la familia valía mucho más que el dinero. No había cantidad que pudiera compensar el que uno destruyera la reputación familiar, porque el daño se extendía a varias generaciones. No hace mucho tiempo, el apellido de la persona daba credibilidad y confianza. Es más, si uno pedía un préstamo al banco, la reputación era tal que ni siquiera se requería un aval.

Si el abuelo hacía un negocio confiable, permitía que cuando el nieto se presentara a negociar, gracias a la buena reputación de su apellido, apalancara buenas relaciones siempre y cuando continuase con la misma filosofía del abuelo. Eso es precisamente trascender en los negocios, generar las mejores condiciones en el presente y consolidarlas para las generaciones futuras. Para lograrlo, hay que echar mano de lo que somos, hay que enfocarnos en el SER.

Una de las razones por las que muchos negocios familiares fracasan a partir de la segunda generación es que no se han preocupado por trascender. En la próxima negociación que hagas, pregúntate si vas a dejar una marca positiva. ¿Voy a mostrarle a mis hijos cómo ser un negociador ético? ¿Mis hijos van a sentir vergüenza de sus negociaciones porque mi ejemplo sólo se enfocó en TENER?

Trascender en la negociación requiere, como mínimo, que una persona sea capaz de mantener su palabra, tal y como lo hicieron sus antepasados. Una responsabilidad cumplida trasciende hacia las generaciones pasadas y futuras. Sin embargo, las nuevas generaciones no tienen muy clara su identidad; hoy la cultura tiende a homogenizar y a desestimar el valor de la pertenencia familiar. En este contexto, formar negociadores éticos implica retomar una serie de principios que están en la base de nuestra civilización. Estos pilares son la prudencia, la justicia, la fortaleza, la templanza y el discernimiento. Además de analizarlos en esta obra, daremos algunos ejemplos y anécdotas para reflexionar juntos sobre el sentido trascendental de la negociación.

Esta dimensión de la negociación trascendental también incorpora la noción de bien común que, como plantea el Papa Francisco I, implica considerar a las generaciones futuras. Las crisis económicas internacionales han mostrado con crudeza los efectos dañinos que trae aparejado el desconocimiento de un destino común, del cual no pueden ser excluidos los que vienen después de nosotros. Ya no puede hablarse de desarrollo sostenible sin una solidaridad intergeneracional. Cuando pensamos en el planeta que dejaremos a las generaciones futuras y en cómo estamos educándolas, entramos en otra dinámica, la del don gratuito que recibimos y comunicamos. Si bien la tierra es un don, no nos pertenece, por lo tanto no podemos actuar desde un criterio utilitarista de eficiencia y productividad para el beneficio individual. No estamos hablando de una actitud opcional, sino de una cuestión básica de justicia, ya que la tierra que recibimos pertenece también a los que vendrán.

Al ir explorando estos pilares en tu lectura, recomiendo que te apoyes en el autoanálisis y reflexiones tu posición como negociador con sentido ético. Para ayudarte, al final de cada capítulo encontrarás una serie de preguntas, una especie de autoevaluación para conocer qué nivel de conciencia tienes sobre cada tema y medir tus capacidades para trascender en las negociaciones. (Verás que el medidor sólo se aplica a tres pilares, ya que en la tradición, el discernimiento y la prudencia son términos intercambiables.) Dar sentido a las cosas es de gran importancia en toda actividad humana; por eso iremos analizando a lo largo de todo este trabajo el sentido de la negociación. Finalmente, en esta reflexión veremos cómo integrar el manejo de conflictos y cómo armonizar las capacidades intelectuales con la voluntad y los afectos.

Los grandes pilares que le dan sentido a la negociación: la prudencia, la justicia, la fortaleza, la templanza y el discernimiento. Monasterio Cisterciense de la Santa Cruz, bosques de Austria.

EL DILEMA DEL NEGOCIADOR

Al tomar decisiones en el proceso de negociación podemos encontrar varios dilemas y conflictos. Según cómo los afrontemos, pueden ser puentes o barreras, fuente de fragilidad o de fortaleza, generadores de un desierto o el origen de la plenitud.

Casi todos conocemos la historia de Sansón y Dalila. El libro de Jueces cuenta que Dalila manipuló a Sansón para que le contara el secreto de su fuerza sobrenatural. Al revelarlo, éste fue encarcelado y finalmente condenado a muerte, arrastrando con él a mucha gente, probablemente inocente. Todos hemos estado en un dilema similar: ¿le digo o no le digo?, ¿me manipula o me está diciendo la verdad? Lo que nos revela la historia de Sansón es que el fuerte no es tan fuerte como parece cuando se deja llevar por la seducción. Saber discernir es esencial para evitar tomar decisiones por las que, como en el caso de Sansón, perdieron todos y nadie ganó.

En el marco de una negociación, el dilema se da cuando queremos colaborar y competir al mismo tiempo. Por un lado, queremos comunicarnos y tratar de entender la postura del otro para mejorar nuestra posición; por otro, queremos competir para tomar todo lo que se pueda. Toda acción de negociación competitiva se trata, a fin de cuentas, de distribuir el valor. Por ejemplo, si hay 100 y yo me quedo con 80, el otro se quedará con 20. Pero si el otro comienza a competir, cambia la distribución.

El fuerte no es tan fuerte como parece cuando se deja llevar por la seducción. Ilustración: Sansón y Dalila, Emile Chamoun-Farah.

Entramos en un estira y afloje, pero también vemos la necesidad de colaborar para no dejar que parte del valor se pierda en la mesa de negociación. El dilema se concreta en una pregunta: ¿compito o colaboro?

La cuestión es distribuir o integrar las partes. De ella surgen dos tipos de negociación, la integrativa y la distributiva. Si el otro quiere pagar 10 y yo quiero que me dé 12, estaremos compitiendo hasta llegar a un valor en el que ambos estemos de acuerdo, es decir que vamos a distribuir el valor que está sobre la mesa. A esto se le llama negociación distributiva o de posiciones y es una dinámica de regateo. En ésta hay un precio de resistencia del comprador y un precio de resistencia del vendedor, la diferencia entre estos dos precios se denomina la zona de posibles acuerdos. Pero también hay que contemplar el máximo y el mínimo que ambas partes pueden pagar, así como los anclajes que se generan con la primera oferta, que es la postura de referencia para cada negociador. Lo complicado es que a veces los negociadores se anclan en una postura y no se mueven de esa posición.

La negociación integrativa comienza con una buena relación entre las partes y una buena comunicación para comprender el porqué y el para qué de cada postura. Si yo entiendo a profundidad los intereses de cada parte, puedo generar opciones legítimas y con referencias. Además, otro elemento a ponderar es el compromiso que muestren ambas partes. Con frecuencia se llega a un acuerdo, pero también puede ocurrir que no se dé. Hay ocasiones en las que el no acuerdo puede considerarse la mejor alternativa al acuerdo negociado (MAAN).

Un ejemplo clásico para entender la diferencia entre la negociación distributiva y la integrativa es el que nos dan Ury y Fisher, dos expertos de Harvard. Un hombre tiene dos naranjas y dos hijas. ¿Qué hará para repartir las naranjas? Cuando hago esta pregunta en mis cursos, la gente responde que una solución ganar-ganar sería darle una naranja a cada una; del 100 porciento, cada una recibe 50 y 50. Ésa sería la solución distributiva o de posiciones. Sin embargo, si la relación y la comunicación del hombre con sus hijas es buena, a través de preguntas y argumentos se preocupará por entender cuál es el interés que cada una de sus hijas tiene por las naranjas. Es ahí donde entra la negociación integrativa. Al preguntarles para qué quiere cada una la naranja, una responde que le interesa el jugo y la otra dice estar interesada en la cáscara, porque va a hacer un pastel. Ahí el negociador entra en un círculo de valor y puede generar opciones: a una le dará el 100 porciento de la pulpa, a la otra le dará el 100 porciento de la cáscara. De esta manera aumentó el valor inicial, satisfizo necesidades múltiples de los interesados y todos ganaron.

A lo largo de nuestras reflexiones veremos la necesidad de generar "pensamientos que superen la fragilidad del mundo", como dice el escritor Gao Xingjian. Una forma de conseguirlo es aprender a distinguir lo ordinario de lo extraordinario, lo que vale la pena y lo que no.

DEL SILENCIO A LA PLENITUD

Hace unos años, fui invitado como profesor a pasar unos días en el monasterio cisterciense de la Santa Cruz, en el bosque de Austria. La experiencia fue inolvidable y muy profunda, pues descubrí que el ambiente del monasterio provoca que se bloqueen todos los ruidos y uno se encuentre consigo mismo para escuchar el eco de su propio ser.

Llegué con mi amigo Christian, que me dejó en la iglesia del monasterio a la hora del servicio. Al concluir los cantos gregorianos, los monjes me invitaron a unirme a sus filas. Seguí la línea como un militar sigue las órdenes de su jefe. El orden y el silencio sólo eran rotos por el sonido del agua de una fuente cercana en el jardín prohibido. Me alojaron en una zona del claustro donde sólo viven monjes. Para llegar a las habitaciones, tenía que pasar cada vez por el jardín prohibido en medio de las sombras.

El ambiente del monasterio provocó el encuentro conmigo mismo.

Yo sentía que iba caminando por un laberinto, acompañado por el sonido de la fuente de agua encantada y flanqueado por las diferentes vías que conectaban el monasterio con la iglesia.

El orden y el silencio sólo eran rotos por el sonido del agua.

Fue espeluznante al principio, pero supe que esa oportunidad era única, una bendición y un privilegio, sobre todo porque los monjes no permiten que cualquiera entre en su vida diaria.

Estos monjes no eran ordinarios, empezando por sus voces angelicales en los cantos gregorianos. El lema de la orden es *Ora et labora et docet,* orar, trabajar y enseñar. Yo me sentí fuertemente identificado con el sentido de su lema de vida. Esto creó una rápida conexión con los monjes, el monasterio y conmigo mismo. Creo que una persona puede llegar a trascender y ser considerada santa a través de la evidencia de su trabajo. Sin embargo, para estos monjes, eso no era suficiente. Era necesario orar, trabajar y enseñar. Sentí también que mi alma y mi propia filosofía de vida estaban conectadas con las de los monjes. El día llegó y fui honrado como profesor invitado. Para un laico como yo, fue un momento único, difícil de repetir. Después de una ronda de aplausos en un comedor lleno de hermosos frescos, sentí como si me remontara en un viaje al año 1200.

Empecé a reflexionar sobre el modo de vida en el siglo XIII. Se me ocurrió que sería absolutamente igual a ésta experiencia. Después de la oración, nos sentábamos en los lugares asignados. Todo era muy formal. Los monjes le daban la vuelta a su vaso y con el sonido de una campana indicaban que les sirvieran la bebida y la comida. Los monjes se turnaban para estar al servicio de los demás. Durante el almuerzo, escuchábamos la palabra del Señor, y cada minuto se llenaba de reflexiones, de oración y silencio. ¡Qué delicia para alguien como yo, que no está acostumbrado a tales períodos de silencio absoluto y reflexión continua!

La oración siempre era seguida por un silencio total. Había oración en la mañana, otra durante el día y una última oración por la noche. El primer día para mí fue el más difícil e incómodo. Sin embargo, según la semana avanzaba, me encontré con una paz interior que nunca antes había experimentado. Durante siete días, agradecí la oportunidad de reflexionar en silencio y en paz.

Orar, trabajar y enseñar ayudan a alcanzar la paz interior y la plenitud.

De hecho, creo firmemente que me encontré con un ser supremo, el Espíritu Santo. Yo estaba en un estado de quietud y con un espíritu tan tranquilo, que ya no me asustaba caminar a solas por el jardín prohibido durante la noche o muy temprano por la mañana. Transitaba por todo el monasterio y me sentía completamente seguro y pacífico. Creo que el silencio fue la mejor experiencia que he tenido en mi vida. El ambiente del monasterio me dio la oportunidad de escuchar mis voces internas sin distracciones. De hecho, como dice Goh, fue como entrar en una experiencia intercultural, pues cuanto más te involucres en una experiencia intercultural, más te comprendes a ti mismo.

El silencio del monasterio puso todo en perspectiva. Así como hay ideas, pensamientos, acciones y comportamientos que pueden ensombrecer lo extraordinario, hay otros que transforman lo que parece ordinario. Somos lo que repetidamente hacemos, así que podemos convertirnos en seres ordinarios o extraordinarios dependiendo de nuestra libre selección. La clave está en encontrar la belleza en lo rotundamente ordinario y hacer de ello algo extraordinario.

Experiencias como ésta pueden ayudarnos a encontrar la prosperidad dentro de lo más profundo del ser. El laberinto de la vida puede llevarnos a un encuentro con nosotros mismos y a cuestionar nuestras acciones cotidianas hasta hallar el sentido de pertenencia e identidad. Pero también puede hacernos sentir perdidos, al punto de caer en el abandono y la soledad. El dilema del negociador, ser o no ser ético, tiene que ver con nuestra capacidad para distinguir lo ordinario de lo extraordinario: qué vale la pena y qué no.

La vivencia que tuve en el monasterio me ayudó a encontrar la prosperidad dentro de lo más profundo del ser.

Hernán Pereda Bullrich dice que el valor de la persona no está en lo que tiene, ni siquiera en lo que hace, sino en lo que es, porque el TENER y el HACER dependen del SER. Conocer nuestro valor nos da seguridad en lo que hacemos, otorga su justa dimensión a lo que tenemos y nos hace fuertes para no caer en el juego de la seducción. Los fenicios, por ejemplo, fueron de las pocas civilizaciones antiguas que, orgullosas de sí mismas, no necesitaron ir a la guerra para afirmar su valor e identidad –excepto cuando fueron invadidos, por supuesto.

Los fenicios trascendieron hace más de 4000 años como los mejores negociadores del mundo, y hasta hoy se les recuerda por ese motivo. El hombre posmoderno, en cambio, se encuentra en un laberinto de inseguridades, no sabe a dónde va o de dónde viene. Por eso, si uno quiere encontrar la salida, ha de conectarse consigo mismo y encontrar el sentido. Y ha de escuchar a la inteligencia intuitiva, la más inmediata y directa.

La experiencia del monasterio es de gran ayuda para convertirse en un mejor negociador, ya que la clave número uno de la negociación es la escucha activa. Cuando realmente se guarda silencio para comprender lo que ocurre dentro de nosotros y a nuestro alrededor, podemos formular las preguntas correctas para entender al otro. Hay que empezar por crear un contexto para convertirse en un mejor oyente, construir una situación óptima para centrar los esfuerzos hacia una meta.

La trascendencia en la negociación nos enseña que se trata de dar, más que de obtener. Me explico: uno de los resultados de la negociación es la prosperidad, pero ésta no se logra a costa de los demás, sino con los demás, dando a cada quien lo que le corresponde. A la prosperidad se llega cuando se está en armonía con uno mismo y con los demás, es decir, cuando hay paz interior. Si al final de la ruta uno no se siente satisfecho, aunque la negociación haya sido exitosa, lo más probable es que hayamos perdido el enfoque en el camino. Volvamos atrás y preguntémonos: ¿para qué estoy negociando? En el fondo, lo que nos mueve a negociar es el deseo de encontrarnos con otros y con nosotros mismos para lograr la plenitud del ser. En una negociación, ocurre cuando ambos dan algo de su parte.

La plenitud no debe confundirse con la búsqueda de la felicidad. Ésta es resultado de una pasión individual por vivir la vida. La plenitud, en cambio, llega cuando el encuentro con los otros nos hace descubrir nuestro valor y nos da sentido de pertenencia. Tenemos la certeza de que todo está en su sitio, cada anochecer y atardecer, cada detalle, cada instante se valoran por el hecho de ser y estar.

LA OSCURIDAD COMO OPORTUNIDAD

Recuerdo que al salir de mi estancia en el monasterio me sentía repleto de energía y motivación para iniciar un nuevo camino, estaba lleno de habilidades de escucha activa, de esperanza, fe y luz. Creía que el monasterio había sido el mayor desafío de mi vida, hasta que visité Hong Kong. Fui invitado con colegas de todo el mundo a una cena en la oscuridad. Yo me imaginaba disfrutando de la noche frente a la hermosa vista de los rascacielos de Hong Kong. Pero, para mi sorpresa, se trataba de una cena completamente a oscuras.

Los organizadores de la cena habían asignado aleatoriamente los lugares en la mesa, y no sabíamos con quién compartiríamos la cena. El lugar estaba totalmente a oscuras. Los participantes utilizábamos bastones y seguíamos la voz de un camarero guía, desde la entrada hasta la mesa del restaurante. Cuando entré en el salón del restaurante me sentía tranquilo, pero al sentarme en la silla comencé a escuchar voces procedentes de diferentes lugares. Al saberme a ciegas, sentí una sensación de pánico y comencé a hablar conmigo mismo en silencio. "¿Qué estoy haciendo aquí? ¡Ésta es la cosa más ridícula que he hecho!" Estaba a punto de levantarme y pedir ayuda para salir, cuando de repente, uno de mis colegas tocó mi mano y me dijo: "Habib, estoy aquí". Sólo entonces pude conectarme al grupo con el que compartía la mesa.

Estar sentado en la oscuridad me había sacado de mi zona de confort, pero cuando mi colega hizo contacto conmigo, la situación fue menos incómoda y más tranquilizadora. Entonces me di cuenta de lo importante que es el sentido del tacto en una situación incierta; quienes tenemos la fortuna de ver, siempre lo damos por hecho y no le otorgamos mayor trascendencia. Enseguida me empecé a adaptar a la situación, palpé los cubiertos, el plato e incluso la comida. Algo tan rutinario como la comida, se había transformado en un misterio y había dado lugar a nuevas preguntas: qué, cómo, cuándo hay que comer. No es que la experiencia me haya gustado particularmente, pero fue muy reveladora.

Yo creía que la cena había abarcado sólo 45 minutos, pero en realidad duró casi dos horas. Además de modificar la sensación del paso del tiempo, también comprendí algo relacionado con la negociación. Cuando estamos fuera de nuestra zona de comodidad, tenemos la oportunidad de ampliar el conjunto de habilidades y destrezas que tenemos y de ponerlas en práctica, así como de experimentar talentos hasta entonces desconocidos y demostrar que funcionan. Aplicado a una negociación, nos permite transformar una simple experiencia de transacción en una oportunidad de trascendencia, pues no sólo podemos influir, sino también modificar el contexto para poner en práctica habilidades nuevas –el tacto, en este caso– para entender y ser entendido. El miedo a la exploración de nuevos conceptos y escenarios nos priva de posibilidades de crecimiento. Sin embargo, cambiar las condiciones "normales" de una negociación es una oportunidad para hacernos más sensibles a los sentimientos de los demás y a nuestras propias "zonas oscuras". Por eso, además de agradecer a Dios por nuestros talentos, hay que utilizarlos, explorar los que no conocemos y practicar para dominarlos.

Pero aún hay más lecciones por aprender de esta experiencia:

1. Hay que reconocer que cada negociación es diferente; a pesar de prepararnos, prácticamente estamos "a ciegas" en cada nueva circunstancia.
2. La tendencia al entrar en una negociación, a pesar de disfrutar de ello, es hacerlo cargados de presión y tensión. Esto puede generar pánico por no saber cómo actuar, detonar nuestro mecanismo de defensa y crear barreras en lugar de puentes de comunicación.
3. Recordemos que tenemos talentos que desconocemos –o que damos por hecho, como el caso del tacto en la cena de la oscuridad–, pero que salen a flote en momentos de presión. Estar conscientes de ello nos daría una ventaja competitiva.
4. Es bueno tener la mente preparada para la espontaneidad en la negociación, es un estado de alerta que nos ayudara a no perder la calma y retomar el control
5. Finalmente, cuando se está a ciegas sin saber qué esperar, es importante ir adaptándose a situaciones y contextos diferentes dentro de una misma negociación.

Iceberg

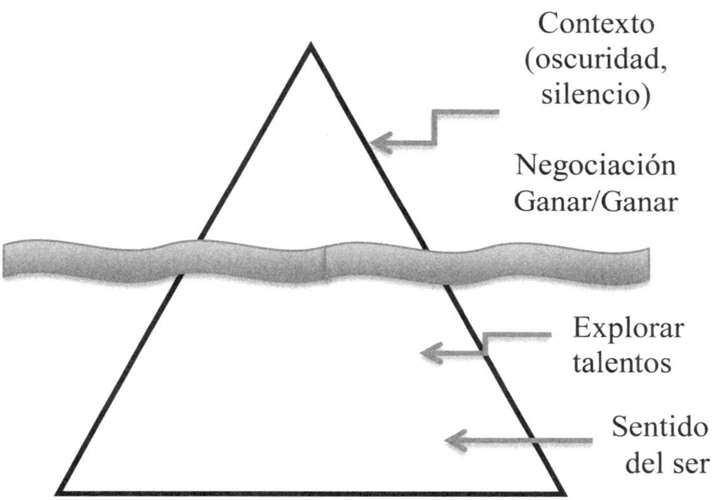

Negociaciones Trascendentales

Esta figura ejemplifica el paso de una transacción a una negociación trascendental. Una mera transacción se queda en la punta del iceberg. Una negociación trascendental se da cuando nos atrevemos a nadar en aguas más profundas.

A través de estas dos historias en las que el contexto "normal" se convirtió en silencio y oscuridad, hemos descubierto dos condiciones muy importantes para hacer que una negociación sea trascendente. La primera implica conectarnos con nosotros mismos y aprender a escuchar en lo mas profundo del ser; la segunda, crear un ambiente que nos permita explorar talentos que antes no teníamos en cuenta y usarlos como un trampolín para navegar en aguas más profundas. Ambas condiciones nos llevan a un mismo descubrimiento: cuando negociamos para enriquecer nuestro ser, entramos en otra dimensión de relevancia y en otro nivel de virtud (López Quintás, 2003), a diferencia de cuando negociamos sólo para ganarle al otro y obtener algo que deseamos.

A continuación vamos a explorar cómo dejar atrás la idea de "ganar a toda costa" en una negociación, para entrar en el ámbito de lo trascendental.

LA NEGOCIACIÓN TRANSGENERACIONAL

Hace unos años fui con mi grupo de estudiantes de maestría a Europa. El viaje tenía el objetivo de explorar la ruta fenicia desde Houston hasta Cádiz, España. En el camino, también visitamos lugares como Toledo, en donde aún se respira un ambiente de tolerancia y respeto por las diferencias culturales. Ahí fuimos testigos de cómo musulmanes, cristianos y judíos vivieron en armonía y en comunidad, un respeto que se ha transmitido de generación en generación. Para experimentar esa particularidad cultural, mis estudiantes hicieron prácticas de negociación *in situ*.

Recuerdo especialmente que mi alumno John quería comprar un suvenir toledano, entró en un local y empezó un juego de regateo con el dueño. La pieza artística costaba 50 euros y John le ofreció 25. El dueño le respondió: "No es posible"; John ajustó la oferta a 26 euros. El dueño se negó una vez más. El chico hizo una contraoferta, 27 euros, pero el dueño siguió con la misma respuesta hasta que el precio ya iba en 40 euros. Entonces detuve el proceso y en privado le pedí a John que le preguntara al dueño por qué no era posible. El dueño, sonriendo, le confesó que no podía vender la pieza porque tenía un pequeño defecto, que si aun sabiéndolo la quería, se la podía vender en 5 euros.

Hay aprendizajes muy importantes en esa experiencia. El primero consiste en saber escuchar y entender al otro para averiguar por qué no accede a nuestra oferta, cuáles son sus intereses, qué lo motiva o desmotiva. Y para eso debemos de recordar la historia del monasterio: entrar en un profundo silencio, filtrar nuestro ruido y escuchar al otro. El siguiente aprendizaje surge al preguntarnos por qué el dueño de la tienda se negaba a vender la pieza con una imperfección –que no se notaba– ni siquiera al precio de 25 euros. ¿Qué perdía el dueño al hacerlo? ¿Qué hubiese pasado cuando John llegara a su país y notara el defecto en la pieza? Sería improbable que pensara que el dueño lo había engañado, más bien habría sido un error de John el no haber revisado la pieza antes de comprarla. Entonces, ¿por qué se afanaba el dueño en no venderla sin mencionar que tenía un defecto?

Al finalizar la compra, el dueño nos contó que vender algo en su tienda es vender algo que representa a su comunidad. Si un viajero se va desconforme y se queja de los precios o de la calidad, generará en los potenciales clientes una mala imagen de Toledo. "¿Usted cree que alguien que viene de Houston recordará este hecho y reclamará por un objeto defectuoso que compró hace años?", le pregunté al dueño. "Precisamente, respondió, eso es lo que hace diferente a Toledo. Aquí cuidamos mucho la reputación."

¿Cuántos comerciantes conoces que les importe más la reputación de su pueblo que vender y generar utilidades? Seguramente pocos. Sin embargo, en Toledo, que abrigó a las comunidades judías, cristianas y musulmanas, sigue predominando un espíritu comercial de respeto que trasciende muchas generaciones.

Toledo, España. Lugar histórico de tolerancia religiosa. Foto: Habib Chamoun-Farah.

Ese tipo de negociaciones trascendentales marca una identidad de negociación basada en valores y principios culturales. Pero no los descubriremos si no guardamos silencio, generamos una buena escucha y hacemos las preguntas necesarias para entender en qué dimensión está negociando el otro. En definitiva, la dimensión trascendental del dueño no era la misma que la de John, que simplemente estaba practicando el juego del regateo.

El tercer aprendizaje es observar que en cada cultura se dan distintas dimensiones de negociación. La de John era la de los objetos intercambiables; la del dueño de la tienda en Toledo, basada en una dimensión transgeneracional, es similar a la cultura negociadora de los fenicios.

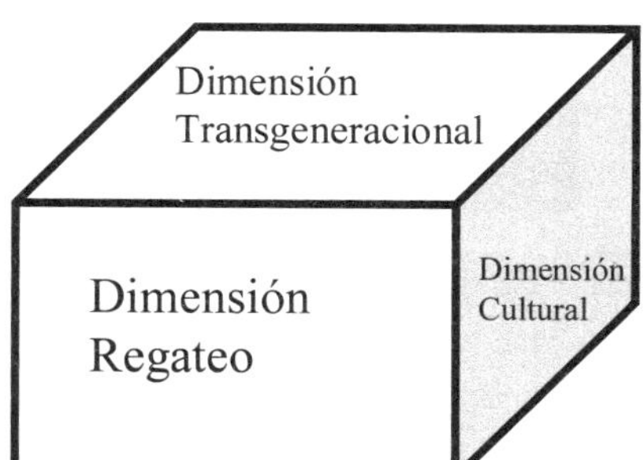

Quizá diferentes culturas utilicen diferentes dimensiones al negociar.

"LO SIENTO, SOY GRIEGO"

El escritor Amin Maalouf dice que cuando una persona se siente perdida, su identidad está fragmentada en "identidades asesinas", sin embargo, cuando una persona analiza su identidad, se da cuenta de que está construida de una mezcla de varias identidades y numerosas filiaciones que provienen de varios lugares. Es decir, que la identidad es la suma de una pluralidad de elementos y, por ello, puede encontrar un sentido de pertenencia en una diversidad de experiencias. Lo que me ocurrió la primera vez que fui a Grecia tiene que ver con lo que dice Maalouf, pues fue determinante para encontrarme conmigo mismo y con otros que, aunque parecían iguales, no lo eran.

La primera vez que estuve en Atenas viví una experiencia fantástica. Desde el primer momento en que establecí contacto con los lugareños, fue muy agradable porque siempre me hablaban en griego. Yo no entendía el idioma, pero cada persona, desde el administrador de la aerolínea griega hasta la gente en la calle y en los restaurantes, era extremadamente amable y muy volcada hacia mí. Su comportamiento me hacía sentir como un griego más, y sin hacer ningún esfuerzo, me conecté inmediatamente con ellos –algo muy distinto a lo me pasó en las historias anteriores, donde el contexto y las condiciones eran insospechadas–. En las tiendas me daban el mismo precio que a los locales, en lugar de los precios turísticos que le daban a otras personas que conocí en el viaje.

Tenía miedo de hablar, ya que sólo con mirar mi apariencia me trataban muy bien. Incluso llegué a preguntarme si acaso tendría un antepasado griego. Como todo el mundo era tan agradable, hice un compromiso conmigo mismo para aprender un griego básico, ser capaz de comunicarme y hacer observaciones. Aprendí a decir buenos días (*kalimera*), hola (*yazu*), cuánto cuesta (*posso costi*), muchas gracias (*efaristo*), así como los números del 1 al 10 y cómo decir "precio turístico vs precio local". Luego me fui al mercado para explorar el proceso y las tácticas de negociación. Al hacer el mínimo esfuerzo y con pocas palabras, recibí un descuento. Grecia es el único lugar en el mundo donde no he necesitado negociar con dureza. Después me enteré por un amigo griego que yo me parecía físicamente a un famoso político helénico, lo que podía funcionar en dos sentidos: si el político era querido, los griegos me querrían, pero si no, yo podría estar en problemas.

Empecé a reflexionar por qué la gente griega era tan amable conmigo en contraste con otros lugares como Yakarta, Hong Kong, Malabo, París, Estambul, Ciudad de México, Buenos Aires, Valencia, Bratislava, Florencia, Moscú, Dublín, etcétera, en los que había vivido historias de negociación. Si bien la gente había sido muy agradable y educada en todas esas ciudades, en Atenas no había tenido que hacer ningún esfuerzo para sentirme acogido.

Recordé lo que decía el profesor Robert Cialdini, psicólogo y experto en negocios: si tratas a la gente muy bien, lo más probable es que te traten muy bien. Sin embargo, antes de que yo abriera la boca para hablar, los atenienses se portaban muy amables y me hablaban en griego. En un restaurante me dieron un plato casero y tradicional, y no la comida que le daban a los turistas. En otro lugar, sin regateos, recibí un 20% de descuento. En un mercado donde dije: "Kalimera, posso costi", me respondieron "Penda" (10), yo hice mi oferta: "Octo" (8), conseguí el precio que quería y me despedí: "Efaristo kirie" (gracias, señor). Cuando me comunicaba en griego, no necesitaba esforzarme para darme a entender, mientras que cuando lo intentaba en español, inglés o francés, tenía que usar más tácticas para negociar. Aunque en Grecia sean conocidos por su hospitalidad, todo indica que tratan mejor a los lugareños que a los extranjeros. Qué distinta a mi experiencia en Latinoamérica, donde tratan mejor a los extranjeros que a sus paisanos...

Un día, caminando en el centro de Atenas me encontré con una cartelera de teatro griego, traducido al inglés, cuyo título era *¡Lo siento, soy griego!* Le pregunté a un lugareño cuál era el significado de esa expresión. Y lo que esperaba que significara de modo sarcástico coincidió con el significado: soy griego, lo siento por ti, que no lo eres. Así que, si conoces a un griego que esté orgulloso de sí mismo y tus rasgos le parecen familiares, seguramente te tratará mejor que a cualquier extranjero, pues habrá una conexión instantánea. Quizás sea esta conexión la que crea confianza y confidencia inmediata en el proceso de negociación (Lewicki, 2003).

La identidad es la suma de una pluralidad de elementos y numerosas filiaciones que provienen de varios lugares, dice el escritor Maalouf. Tal vez Atenas, Grecia, es uno de esos lugares de donde proviene mi identidad.

A partir de esta experiencia, observamos que en una negociación no necesariamente hay que esforzarse por imitar lo que hacen otros. Tal vez, lo único que hay que hacer es observar y replicar naturalmente la clave que ellos usan para conectarse con los demás. Otro de los aprendizajes es que, si observas que la primera conexión se dio sin problemas, el paso siguiente es entender la cultura del otro y actuar con respeto y tolerancia, sin necesidad de imitarlo. El sentido de reciprocidad se pondrá en marcha si en la interacción hay abundancia de buena voluntad. Si esta reciprocidad incita a los involucrados a actuar de buena manera, se dan negociaciones con menor tensión entre las partes.

La conclusión de esta historia es que, además de nuestra cultura, pueden existir otras culturas similares en donde encontremos nuestra identidad y un sentido de pertenencia, y quizás también tenga que ver con el espíritu de abundancia de la cultura anfitriona. Culturas con esta clase de espíritu, que hacen sentir al otro importante, priorizan la dignidad y no la pierden por el negocio. Actuar en sentido contrario hace que se pierdan ambas cosas, la dignidad y el negocio.

CREAR DESIERTO

En un viaje espléndido a San Antonio, Texas, se me quedó muy grabado el sermón del arzobispo de la ciudad. Lo que más me marcó fue una analogía que hizo entre lo árido del desierto y las situaciones de vida que podemos encontrar: quienes viven en el desierto usan todos los recursos al máximo y se ayudan entre ellos, de lo contrario, todos perecerían. Nos contaba que la tierra está tan seca al oeste de San Antonio que hasta se abre el piso y se forman grietas. Esta gente del desierto usa todos los recursos disponibles para sobrevivir en las condiciones más hostiles, a diferencia de cuando se tiene todo y el hombre se convierte en la nada.

¿Cuántos de nosotros hemos estado en un desierto en la vida? De repente nos falta flujo de efectivo o alguna enfermedad llega, y la única manera de sobrevivir es teniendo fe y usando todos los recursos disponibles, hasta los que no notamos a simple vista. En el desierto se crean las soluciones más creativas e increíbles por la desesperación de caer en la nada; una solución se convierte en el todo –como el tacto en la cena en la oscuridad en Hong Kong. Es paradójico que necesitemos un desierto en nuestras vidas para no caer en la parálisis de talentos. (A veces caemos en el ocio por privilegiar el TENER, que no es malo, siempre y cuando no entorpezca al SER.)

Es recomendable que un negociador busque vivir la experiencia del desierto, que entre a una negociación pensando en su propio desierto para motivar la búsqueda de mejores soluciones y potenciar sus capacidades. Tener recursos es una herramienta importante en cualquier negociación, pero no tenerlos nos ayuda a usar la creatividad. El problema está cuando se tienen recursos y no se sabe vivir en el desierto. Hay gente que se angustia porque no tiene recursos, y otra que, a pesar de vivir en el desierto y no tener recursos visibles, vive cada momento en plenitud. En el desierto, los talentos salen a relucir y la necesidad de usarlos también. El libro de Mateo en el Nuevo testamento nos regala una historia, la parábola de las diez jóvenes, que ilustra muy bien esta situación.

> *El reino de los cielos será entonces como diez jóvenes solteras que tomaron sus lámparas y salieron a recibir al novio. Cinco de ellas eran insensatas y cinco prudentes. Las insensatas llevaron sus lámparas, pero no se abastecieron de aceite. En cambio, las prudentes llevaron vasijas de aceite junto con sus lámparas. Y como el novio tardaba en llegar, a todas les dio sueño y se durmieron. A medianoche se oyó un grito: "¡Ahí viene el novio! ¡Salgan a recibirlo!" Entonces todas las jóvenes se despertaron y se pusieron a preparar sus lámparas. Las insensatas dijeron a las prudentes: "Dennos un poco de su aceite porque nuestras lámparas se están apagando." "No —respondieron éstas—, porque así no va a alcanzar ni para nosotras ni para ustedes. Es mejor que vayan a los que venden aceite, y compren para ustedes mismas." Pero mientras iban a comprar el aceite llegó el novio, y las jóvenes que estaban preparadas entraron con él al banquete de bodas. Y se cerró la puerta. Después llegaron también las otras. "¡Señor! ¡Señor! —suplicaban—. ¡Ábrenos la puerta!" "¡No, no las conozco!", respondió él. Por tanto —agregó Jesús—, manténganse despiertos porque no saben ni el día ni la hora.*

A veces tenemos recursos disponibles, pero sólo hasta que se da la situación propicia, éstos encuentran su utilidad. Hay ocasiones en las que nuestros talentos se vuelven un incentivo para que otros pongan en práctica los suyos. Es ahí donde trascendemos el concepto de ganar la negociación.

Recuerdo que un día se le ocurrió a uno de mis hijos plantearnos a todos (éramos cuatro inicialmente, luego se fueron agregando otros familiares y amigos) el reto de correr 50 kilómetros en veinte días; el que primero llegase al objetivo de kilómetros ganaría la competencia. Para mí fue todo un reto, ya que competir con adolescentes es mucho más difícil.

Usando tus talentos alientas a otros a usar los suyos.

Para esto utilizamos una aplicación del *smartphone* que día a día va calculando el alcance de cada uno y lo comparaba con el de los demás. Recuerdo que el primer día corrí medio kilómetro, mientras que mis hijos ya llevaban cinco kilómetros de ventaja. Al siguiente día corrí tres kilómetros y continué entrenando cuanto podía hasta llegar a ocho kilómetros. En esa competencia quedé en segundo lugar, luego empezamos otra, y finalmente en la tercera llegué a ser el primer lugar. Con más de 30 años de diferencia de edad, menos flexibilidad, resistencia y energía que los adolescentes, gané la carrera y descubrí varios aprendizajes.

El primero es que, a pesar de tener un estilo colaborador en la negociación, soy muy competitivo. En el momento que pusimos un reto entre cuatro participantes, ese reto era medible y podríamos saber cómo íbamos respecto a los otros, había algo en mi interior que me daba energía para correr un poco más tiempo y distancia cada día. Además, cuando tomé la iniciativa de correr dos kilómetros más que el competidor que estaba en primer lugar para alcanzarlo al siguiente día, alimentaba su motivación y también corría más. El efecto era fabuloso: en la competencia había colaboración y se generó un círculo virtuoso. Mi intención, además de ganar, era llegar cada día al primer lugar para forzar a los otros a correr más, y así sucesivamente.

Otro efecto catalizador en el reto es que haya un medidor o indicador, porque eso crea un desierto en el otro o en ti; súbitamente surge la motivación interior para conseguir el objetivo, vences la pereza y cualquier pensamiento negativo y sacas lo mejor de ti. Esta fuerza interior es probablemente la misma que ayuda a las personas en el desierto a no perecer.

Crear un desierto nos motiva a ser perseverantes y a tener disciplina. Aunque uno sea el más fuerte, el más hábil, el más conocedor, inteligente o atlético, sin perseverancia y sin un hábito no se puede conseguir el primer lugar frente a otros competidores que podrían correr, en un solo tramo por día, hasta quince kilómetros. Gracias a un esfuerzo ascendente –correr dos, luego cinco, ocho y así hasta llegar a los 50 kilómetros– aprendí que la intención sostenida durante todo el proceso es mejor que la intensidad de alcanzar el objetivo completo en un solo día.

Como hemos visto antes, en la negociación no sólo es importante el objetivo, sino el camino para llegar a tal fin. En este caso, la perseverancia y el método para hacer las cosas con cierta disciplina fueron la clave para ganar el primer lugar. Quizá éste es el mismo caso de los monasterios, que siguen funcionando gracias a la disciplina y la perseverancia. Desde hace 1500 años, los monjes benedictinos se enfocan en los valores del SER antes que en los del hacer o el tener. En cambio, grandes corporativos, como Panamerican y Braniff-Esso, desaparecen o tienen que reinventarse en mucho menos tiempo por fijarse solamente en el objetivo y no poner atención en el camino para llegar a él. Grandes carencias del mundo moderno se derivan de dar más importancia a la novedad que a lo perdurable, sabiendo que lo perdurable vale más que lo que cambia. Quizás valga la pena aprender a negociar a contracorriente de estos tiempos, pensando en servir más que en obtener. Los peces que van con la corriente terminan en la red de algún pescador; los que nadan en contra, sobreviven y se hacen más fuertes.

Los patos de torrente en arroyos tormentosos nadan contracorriente para sobrevivir. Pintura: Emile Chamoun-Farah.

SER PARA TRASCENDER

Un día me invitaron a la escuela de mis hijos a conversar con los alumnos sobre el tema de las carreras profesionales. Un grupo de padres de familia acudimos voluntariamente a exponer los roles, responsabilidades y actividades de nuestras respectivas profesiones. Nuestra audiencia eran pequeños grupos de estudiantes de primero de secundaria con una edad promedio de doce años de edad. En la preparación de las charlas nos advirtieron que los estudiantes podrían hacer preguntas tan directas como cuál es el salario del profesionista presentador o por qué escoger una carrera y no otra.

En mi presentación comencé por preguntarle a los estudiantes "qué quieren ser". Las respuestas: doctor, ingeniero, enfermera, maestra, etcétera. Luego les pregunté por qué, y ellos contestaron "para tener mucho dinero", "para tener un gran automóvil", "para tener una gran casa", "para casarme y tener hijos". Entonces les conté que a mí me había llevado toda mi vida el responder para qué estoy haciendo lo que estoy haciendo, y hasta hace pocos años comprendí la razón de mi SER profesional y mi SER personal, es decir, de mi misión en la vida.

Enseguida les mostré que mis actividades eran tan variadas como mis títulos, que son muchos. Además de ser hijo, esposo y padre, soy investigador, consultor, vendedor, profesor, desarrollador de negocios, negociador… Pero los "títulos" más importantes para mí son el de SER padre, esposo e hijo. Después les compartí entrevistas televisivas y presentaciones de mi libro *Negociando como un fenicio* en Latinoamérica, Europa y África. En algunas de las imágenes de mis viajes aparecía yo junto con mi familia. Y con ello quise señalarles dos puntos importantes. El primero es que mi trabajo, a pesar de ser un sacrificio para mi familia porque implica viajar mucho, es muy divertido porque en ocasiones podemos viajar juntos. El segundo punto, en lugar de plantearlo directamente, lo planteé en forma de pregunta: ¿alguien puede adivinar qué estudié? Todos participaron con mucha emoción. Respondieron que yo era abogado, diputado, senador, publirrelacionista, administrador, trabajador social... De todo, excepto lo que realmente estudié. Finalmente, ya que nadie había acertado, les confesé lo que había estudiado. Era lo que menos esperaban, porque muy a menudo tenemos una percepción equivocada o un estereotipo de las carreras y de las actividades profesionales ligadas a las carreras.

Yo estudié Ingeniería química, Administración y luego hice la maestría, el doctorado y hasta postdoctorado, el máximo grado que podemos estudiar en una disciplina. Les comenté que para estudiar una carrera es más importante preguntarse para qué en lugar de por qué. En mi caso, me llevó más de 40 años descubrir para qué estudié lo que estudié. Me hice las dos preguntas año tras año y llegué a la conclusión de que estudié ingeniería porque era la carrera más difícil en aquella época, y a mí siempre me ha gustado el RETO. También me llevó más de 40 años entender que las carreras de ingeniería y ciencias duras nos abren la mente y nos hacen pensar que cualquier problema en la vida puede afrontarse de una mejor manera.

Miré los ojos de estos estudiantes, todos asombrados por mis comentarios, y finalmente cuando más retuve su atención, les confesé que en mi vida me he concentrado más en el SER que en el TENER. Los invité a que reflexionaran por qué querían ser doctores, abogados o enfermeras, y que pensaran también para qué. Les aclaré que no hay nada de malo en querer TENER objetos, coches y casas grandes, pero que serán mucho más felices si se concentran más en el SER, porque entonces van a TENER más cosas de las que se imaginan.

Compartir estos pensamientos con ellos fue una experiencia muy gratificante. Para mi sorpresa, las maestras me llamaron para comentarme que los niños habían quedado muy motivados con mi presentación y recibí muchas cartas de agradecimiento.

Sé que estamos en una época complicada en cuestión de valores, pero sé que es más importante concentrarse en el SER que en el TENER o el HACER. Te invito a que mires a tu alrededor y reflexiona qué estás haciendo en lo personal y en lo profesional para caminar de acuerdo con tu misión de vida y para aportar a los otros uno poco de lo que tienes. Entonces podrás empezar el camino de un negociador que trasciende.

Si nos importa trascender como personas y como negociadores, debemos de buscar lo esencial, eso que es “invisible a los ojos”, como dice el escritor Antoine de Saint-Exupéry en *El Principito*. Es tan importante el camino como el resultado.

Retomemos dos preguntas fundamentales para este libro: ¿Cómo trasciendo como negociador? ¿Es posible negociar desde la fe? La Biblia Latinoamericana nos ofrece un pensamiento para reflexionar:

"Construimos con nuestra fe, construimos con nuestro trabajo, construimos con nuestra capacidad de entender a los demás. Pero lo que se construye en la tierra no es lo definitivo. Por eso Dios dice: Yo te confiare más. La justicia del Reino y la dignidad del hombre serán otras las riquezas que se repartirán. Se trabaja esencialmente en lo poco y Dios nos establecerá en lo mucho."

Esta construcción, como señalamos al inicio de este libro, ha de hacerse sobre pilares sólidos ética y moralmente si queremos trascender.

El camino y el objetivo se reflejan en uno mismo.

NEGOCIAR CON SENTIDO

Hombre, ¿quién eres?
Hombre es quien se pregunta por el hombre.
El hombre supera infinitamente al hombre mismo.
El hombre no es respuesta de sí mismo.
El hombre de ayer y de mañana
tiene que ver con el hombre de hoy.
Todo hombre lleva a sus ancestros dentro.
Dios no salva nunca al hombre sin el hombre,
siempre con el hombre,
nunca contra el hombre.
San Agustín

Una negociación trascendente implica ir al encuentro de los otros y de nosotros mismos para dejar una marca positiva en el mundo. Sin embargo, el sentido de la negociación también puede terminar en un desencuentro, sobre todo cuando una de las partes no se abre a la posibilidad de trascender sus propios intereses.

Enroscado en su visión, bloquea la posibilidad de llevar la relación a un fin más humano. No podemos achacarle esta cerrazón a la falta de voluntad, también hay factores culturales en los que estamos inmersos y que determinan, precisamente, el sentido con el que abordamos cada situación. Uno de esos factores es lo que llaman los antropólogos "el sentido de la historia". El sentido de la historia es la forma en la que una comunidad explica su devenir en el mundo, es decir, cómo responde a las preguntas "¿dónde estoy, a dónde voy?" Esta respuesta determina, en buena medida, la manera en la que esa cultura gestiona y negocia los recursos con los que cuenta. De ahí el subtítulo de nuestro libro: *Quo vadis*, negociador, ¿a dónde vas, negociador? ¿Cuál es el sentido de tu negociación?

Hernán Pereda Bullrich, en su libro *Sentido de la historia*, retoma el pensamiento del antropólogo Mircea Elíade para mostrar que cada civilización –y a veces cada persona– responde a esas preguntas a partir de una concepción distinta. Pereda destaca tres concepciones generales:

Concepción quietista. Se caracteriza por el rechazo del presente, tiene horror del futuro, juzga negativamente lo nuevo. Sólo da valor a lo inmutable, lo que no cambia.

Todo hombre lleva a sus ancestros dentro, dice San Agustín. Jardines del Palacio de Schönbrunn, Viena, Austria.

Quiere volver a la "edad de oro" de los antepasados. Es la concepción mas clásica, suele ser fatalista, no da lugar ni cree en la historia. Su lema: "Más vale malo por conocido que bueno por conocer", pues lo considera más "seguro". Los acontecimientos son interpretados en función de una ley sagrada o mito inamovible.

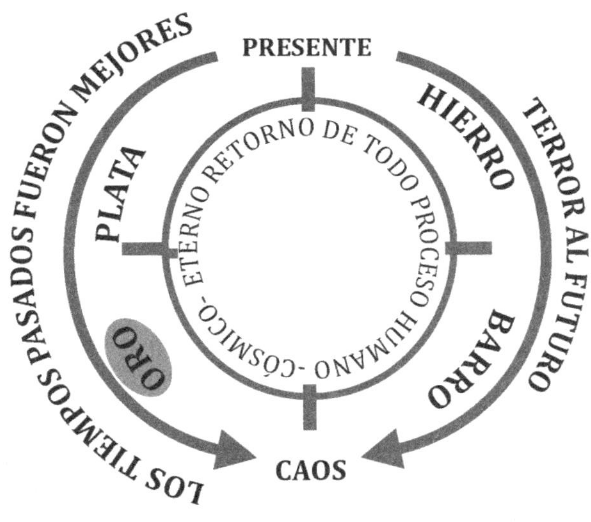

Figura 1. Concepción quietista

Concepción revolucionaria. Se caracteriza por el rechazo del presente, tiene horror al pasado, juzga negativamente lo antiguo. Sólo interesa lo nuevo, lo que cambia. Quiere provocar cambios radicales para llegar a una nueva "edad de oro". Es una concepción menos frecuente, más arriesgada, menos "segura", pero igualmente fatalista, ya que nada permanece, todo se destruye cíclicamente. Los acontecimientos son interpretados como desestabilizadores que irremediablemente conducirán al caos.

Concepción lineal. Se ocupa del momento presente sin perder de vista que éste tiene su origen en el pasado y tiende hacia un fin; hay una progresión, no necesariamente rectilínea. Le interesa el ir y venir entre lo que cambia y lo que no cambia; no pretende alcanzar o volver a una "edad de oro"; busca una liberación en la que el ser alcanza la plenitud. Esta concepción está en la base de la cultura judeocristiana y es fundamento de la filosofía Occidental moderna. Los acontecimientos son interpretados como oportunidades para desarrollar conocimientos que conduzcan hacia una finalidad.

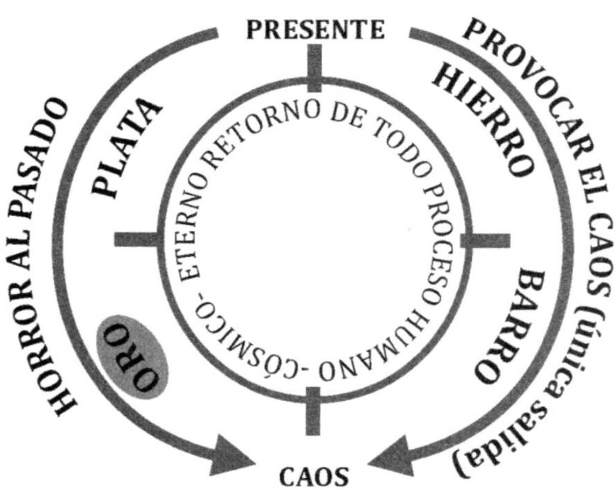

Figura 2. Concepción revolucionaria

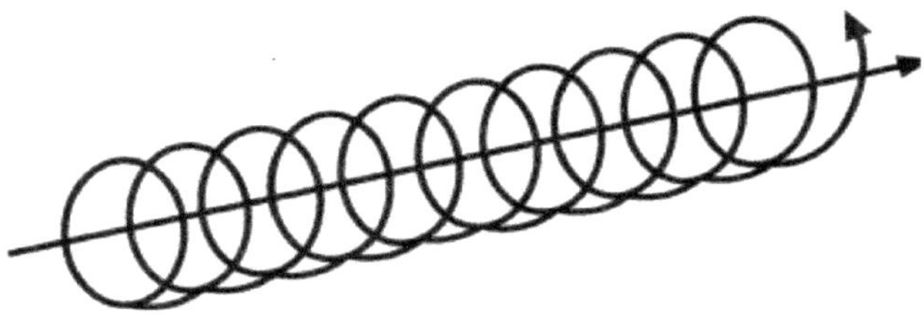

Figura 3. Concepción lineal

Como podemos ver, las concepciones quietista y revolucionaria coinciden en rechazar el presente y anhelar una edad de oro pasada o venidera; una a partir de lo estático y la otra a partir de un movimiento perpetuo. Ambas, a su manera, trazan un sentido circular de la historia. Una manera muy sencilla de comprender la visión quietista circular es recordando la historia de México. Cuando Hernán Cortés apareció en las costas del Golfo, los mesoamericanos interpretaron su llegada en función del mito de Quetzalcóatl. Hernán Cortés, en cambio, era un hombre cuya visión lineal de la historia le permitía interpretar cada suceso como una oportunidad para cumplir su objetivo.

En una negociación podemos encontrarnos con personas que tienen una visión circular de la vida, pues viven encerradas en el callejón sin salida, interpretando todo lo que ocurre en función de su pasado o de un futuro que, tarde o temprano, terminará por destruirse. Si revisamos la historia antigua, encontraremos dos culturas que sentaron las bases de una concepción lineal de la historia y que, como los fenicios, tienen una buena reputación como negociadores. Nos referimos al pueblo hebreo y a sus vecinos, los fenicios. Ambos vivían en un momento en el que todo se interpretaba en función de leyes y mitos inamovibles (sentido circular), sin embargo, hubo sucesos que detonaron una nueva forma de entender la historia. En el caso del pueblo hebreo, la salida de Egipto, la aparición de la figura de Jesucristo y la promesa de la resurrección pusieron en el horizonte dos conceptos que dieron sentido a la existencia de un pueblo (¿a dónde voy?): la plenitud y la liberación progresiva del ser humano. Por su parte, los fenicios, grandes comerciantes, instalaron en sus negociaciones un sentido que trasciende el presente de la mera transacción. Para ellos, era indispensable construir relaciones que perduraran en el tiempo.

En ambos casos, el fenicio y el hebreo, hay una proyección hacia adelante que no desdeña el pasado. A partir de esta visión lineal o progresiva de la historia, la existencia del ser humano cobra un sentido distinto y esperanzador. En las visiones circulares, el ser humano es superado por los mandatos del pasado o por un futuro que no termina por convertirse en presente. En la visión lineal, en cambio, el ser humano puede dejar una marca y construir con la esperanza de que lo que haga hoy será benéfico y traerá plenitud a las generaciones venideras.

En el marco de la negociación, para darle un sentido y no perdernos en el camino, es recomendable que actuemos desde una visión lineal, ya que ésta nos permite interpretar los acontecimientos como oportunidades para construir. Ésta perspectiva nos invita a partir del presente, poner en juego los recursos disponibles y transformarlos en oportunidades de conocimiento. Y es que ninguna relación de negocios es perfecta, porque las relaciones humanas no son químicamente perfectas. ¿A qué me refiero? En mi experiencia como ingeniero químico (mi primera carrera) he aprendido que en las ecuaciones, para obtener una reacción determinada, hay que poner raciones exactas de cada ingrediente. La magia, ese resultado perfecto, también depende de las condiciones adecuadas de temperatura y presión. Hasta cierto punto, por más compleja que sea la ecuación química, ésta es controlable y manejable. Sin embargo, a nivel humano, aunque la relación tenga todos los ingredientes que se requieren para producir una reacción "mágica", puede que ésta no ocurra, porque nuestro sistema de relaciones es intrínsecamente imperfecto. Sin embargo, eso es lo que hace interesante el manejo de relaciones.

LA HERENCIA FENICIA

Si hay un pueblo experto en relaciones humanas y negociación, es el fenicio. Los fenicios han pasado a la historia como los mejores comerciantes del mundo, pues conquistaron el Mediterráneo no por el camino habitual de la guerra, sino por el de una poderosa y virtuosa capacidad negociadora. Es tan sorprendente el caso de este pueblo, que no dudo en situarlos en la cúspide de la capacidad diplomática y creativa.

Curiosamente, grandes figuras de la historia fenicia son recordadas por estas dos habilidades. **El rey Hiram,** habitante de Tiro, negoció la construcción del templo de Salomón, rey hebreo con quien tuvo una relación de negocios que se extiende desde los tiempos del rey David. **La princesa Elisa (Dido)**, fundadora de la ciudad de Cartago, fue una negociadora de gran creatividad; cuenta la historia que logró negociar el intercambio de la piel de un toro por toda la tierra que constituyó Cartago, territorio que se convirtió en el gran imperio cartaginés. El **príncipe Cadmo,** soberano de Tiro, se considera el primer maestro de la historia quien llevó el alfabeto a los griegos, seguramente con la intención de perfeccionar sus relaciones comerciales. **Taautos** fue un promotor de la vida civilizada. Se le considera impulsor de formas ordenadas de pensar, hacer, relacionarse y hablar. Sus enseñanzas permitieron el desarrollo de las ciencias, las artes, las leyes, la sociedad y la religión.

Si bien las cualidades de estos personajes tienen un mérito individual, también son representativas de una cultura constructiva y vital que se ve reflejada en su modelo de negociación[1]. El que los fenicios tuvieran tratos comerciales con las grandes culturas de su época no habla tanto de la calidad de sus producto sino de la forma correcta de distribuirlos. Las transacciones que realizaban con Babilonia, Yemen, Grecia y Egipto le dieron a los fenicios una reputación basada en la probidad y la confianza, ya que los mismos fenicios,

[1] La descripción del modelo fenicio corresponde a la que hace Johnston (1965) y que aparece en el libro *Negociando como un fenicio.*

después de varias generaciones de ejercer el comercio, comprendieron que la mejor política de negociación e intercambio era la honestidad, sobre todo en el contexto de conflicto en el que vivieron.

Tapa de un sarcófago fenicio en forma humana, siglo V y IV a.C., Sidón Museo de Escultura Antigua, Roma.

Los fenicios fueron los cananeos que florecieron alrededor del 1200 a.C. hasta la conquista de Alejandro Magno, en el 332 a.C. –aunque el inicio de esta cultura puede rastrearse hasta el 2500 a.C. (Sanford Holst, 2005)–. Los fenicios aprendieron a extraer tintes rojos y azules, y especialmente tintes de color violeta de caracoles marinos y otros moluscos. El color púrpura era utilizado exclusivamente por la realeza, de ahí que los fenicios fueran proveedores de tintes para un mercado elitista. De hecho, el propio nombre fenicio deriva de la palabra griega *phoinikes*, "el pueblo púrpura", aunque entre fenicios se llamaban a sí mismos cananeos. Otro de sus recursos naturales era el cedro, cuya madera tenía una alta demanda entre los pueblos vecinos. Para evitar ser invadidos, convencieron a sus coetáneos de que una buena relación comercial a largo plazo era más benéfica para todos, ya que los fenicios tenían la flota mercantil más importante de aquel tiempo. En lugar de concentrarse en una sola ciudad, fundaron pequeñas ciudades y puertos en sitios estratégicos para comerciar con las principales ciudades-estado del Mediterráneo. Además de cedro, intercambiaban materias primas, como tintes, algodón, lino, vidrio, metales e incluso marfiles. Su estrategia consistía en no competir con sus vecinos por el control de algún producto, sino en hacer alianzas comerciales con todos practicando una filosofía con ocho principios básicos: contar con un amplia gama de productos, ubicarse en puntos estratégicos, expandirse geográficamente, acrecentar su inventario, negociar producto por producto y también fungir como intermediarios, dar valor justo a los productos, negociar con honestidad y siempre entregar la mercancía.

A partir de este modelo intercultural y móvil, los fenicios no vieron comprometida su libertad, incluso se hicieron indispensables para los pueblos vecinos gracias a la capacidad de su flota mercante –se dice que el puerto de Cartago albergó hasta 200 embarcaciones de carga y que sus barcos podían transportar más de 600 personas–, y a la diplomacia con la que manejaban sus relaciones. Los fenicios no estaban interesados en invadir militarmente a otros para imponer su cultura. La estabilidad de su expansión comercial dependía de su capacidad negociadora –además de la debida protección de rutas, caravanas y navíos en caso de ser atacados por ladrones.

La región de Canaán, uno de los puntos fenicios más importantes, fue elegida por los israelitas tras su éxodo de Egipto. A pesar de que al instalarse fueron desplazando y dominando a otras poblaciones, vieron la ventaja de compartir el territorio con los fenicios; unos tenían la riqueza, los otros tenían los productos. Pero no sólo eso, para mejorar sus relaciones comerciales, los fenicios elaboraron un alfabeto fonético que pusieron a disposición de toda la gente, democratizando el saber. En lugar de practicar la usura o la manipulación, mantuvieron una filosofía de negociación basada en las necesidad de productos y la transparencia de relaciones. De ellos podemos tomar una herencia de siete principios de valor ético y universal (Sanford Holst, 2005):

- Crear alianzas. Además de generar beneficios para sí, los fenicios buscaban que la transacción tuviera un beneficio para su cliente, al que elegían con mucho cuidado para garantizar que la negociación se hiciera y se disfrutara en paz.

- Negociar internacionalmente. Los fenicios no limitaron su zona de acción, siempre llevaron sus naves hasta donde se encontraba el producto necesario.
- Resolver los conflictos pacíficamente. "Negocios son negocios" y nada más. Los fenicios se abstuvieron de hacer alianzas políticas que pusieran en riesgo sus relaciones comerciales.
- Expresar tolerancia religiosa. Aunque conocían las creencias religiosas de sus clientes, nunca las juzgaron ni las convirtieron en un obstáculo.
- Respetar a las mujeres. Los fenicios tenían muy presente el hecho de que las mujeres fueran el 50 por ciento del mercado y que sus decisiones influían en el comportamiento del mercado; tratar bien a sus propias mujeres les permitía conocer las necesidades de sus clientas vecinas.
- Defender la equidad. A pesar de vivir en una monarquía, el sentido de equidad se basaba en evitar disputas y canalizar toda su energía y habilidades en la negociación.
- Resguardar la privacidad (propia y de sus clientes). El respeto a los asuntos privados evitaba que se tomara ventaja o se manipulara la negociación.

El modelo de negociación fenicio trascendió el ámbito mismo de las relaciones comerciales, ya que llegó a conformar una base moral sólida, constructiva y vital. Esto también nos hace comprender cómo nuestra forma de negociar repite o rechaza los modelos de comportamiento de su tiempo. Observemos las dinámicas comerciales de la actualidad: mientras que los vendedores se conducen sin escrúpulos al más puro estilo *Lupus est homo homini* (lobo es el hombre para el hombre, frase de Plauto popularizada por Thomas Hobbes), los consumidores que tratan de llenar ciertos vacíos a partir del *born to shop*, algo así como un compro, luego existo. La falta de sentido y la desorientación actual se deben, en buena medida, a la ausencia de una base ética.

Es sabido que el dinero tiene la capacidad de despertar, desarrollar y encender la voluntad de una manera poderosa. Aunque el dinero no se considere un factor principal en una negociación, sin él sería imposible llevar a cabo muchos proyectos. Si en nuestros intercambios podemos orientar esa virtud para mejorar la vida humana, estamos trabajando para convertirnos en negociadores con sentido de trascendencia, porque negociar es relacionar a las personas entre sí para obtener fines comunes. Esta relación va más allá de la visión puramente económica, de hecho, tiene que ver más con el desarrollo de las propias capacidades. Para ilustrar esto de manera más sencilla, recordemos la llamada parábola de los talentos que aparece en el libro de Mateo, en el Nuevo Testamento.

A veces es necesario detenernos un poco, mirar hacia adelante para descubrir el sentido y ver hacia dónde vamos.
Foto: Habib Chamoun-Farah.

14(El reino de los cielos) Es también como un hombre que,
al ausentarse, llamó a sus siervos y les encomendó su
hacienda: 15a uno dio cinco talentos, a otro dos y a otro
uno, a cada cual según su capacidad; y se ausentó.
16Enseguida, el que había recibido cinco talentos se puso
a negociar con ellos y ganó otros cinco. 17Igualmente el
que había recibido dos ganó otros dos. 18En cambio, el que
había recibido uno fue, cavó un hoyo en tierra y escondió
el dinero de su señor. 19Al cabo de mucho tiempo, volvió el
señor de aquellos siervos y se puso a ajustar cuentas con
ellos. 20Se llegó el que había recibido cinco talentos y
presentó otros cinco, diciendo: "Señor, cinco talentos me
entregaste; aquí tienes otros cinco que he ganado." 21Su
señor le dijo: "¡Bien, siervo bueno y fiel!; ya que has sido
fiel en lo poco, voy a ponerte al frente de mucho. Entra en
el gozo de tu señor." 22Se llegó también el de los dos
talentos, y dijo: "Señor, dos talentos me entregaste; aquí
tienes otros dos que he ganado." 23Su señor le dijo: "¡Bien,

siervo bueno y fiel!; ya que has sido fiel en lo poco, voy a
ponerte al frente de mucho. Entra en el gozo de tu señor."
24 Se llegó también el que había recibido un talento, y dijo:
"Señor, sé que eres un hombre duro, que cosechas donde
no sembraste y recoges donde no esparciste. 25 Por eso, me
dio miedo y fui a esconder bajo tierra tu talento. Mira, aquí
tienes lo que es tuyo." 26 Mas su señor le respondió:
"¡Siervo malo y perezoso! Si sabías que cosecho donde no
sembré y recojo donde no esparcí, 27 debías haber
entregado mi dinero a los banqueros. De ese modo, al
volver yo, habría cobrado lo mío con los intereses.
28 Quitadle, por lo tanto, el talento y dádselo al que tiene
los diez talentos. 29 Porque a todo el que tiene se le dará y
le sobrará, pero al que no tiene, se le quitará hasta lo que
tiene. 30 Y a ese siervo inútil, echadle a las tinieblas de
fuera. Allí será el llanto y el rechinar de dientes.

Esta parábola nos recuerda que utilizar los talentos recibidos es una forma en la que el ser humano se sitúa ante su propia realidad. Como negociadores responsables, pues, hemos de utilizar los recursos y las prácticas virtuosas con las que contamos para dar sentido a nuestra actividad.

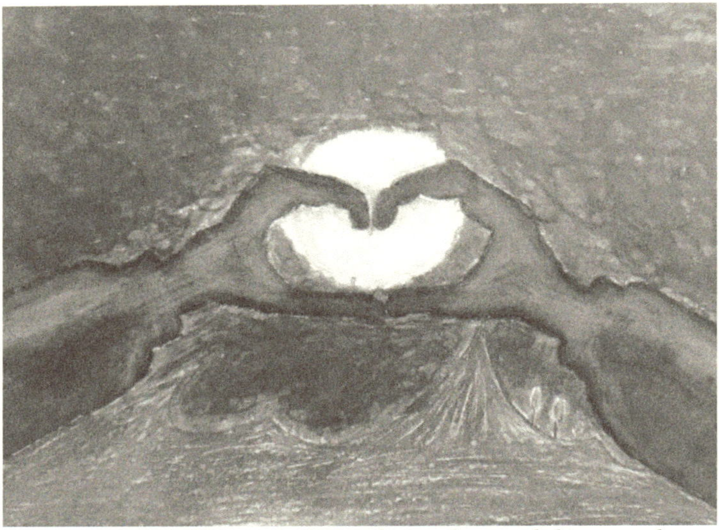

El corazón del hombre es el motor de la trascendencia.
Ilustración: Marcelle Chamoun-Farah.

EL TRUEQUE, UNA HERRAMIENTA VIGENTE[2]

Aunque la investigación académica ha cubierto hábilmente muchos tipos de negociaciones, el trueque no ha sido uno de los temas favoritos para un análisis profundo. Sin embargo, el Departamento de Comercio de los Estados Unidos estima que entre el 20 y el 25 por ciento de todo el comercio mundial se realiza a través del

[2] Trabajo tomado de Chamoun, H., Hazlett, R.,Valderrey, Fco, and Chiu, J. Bartering: When Negotiations Need a Creative Approach. Vol.2. Issue 1 July 2014, *Tan Pan Chinese Journal of Negotiations*, Hong Kong.

trueque. El trueque empresarial de productos y servicios tangibles es ahora una industria de 20 mil millones de dólares. (Mardak 2002: 44-47) En Hong Kong, durante los periodos críticos de los años 40 y 50, algunos médicos benévolos aceptaron lo que sus pacientes más pobres traían (como el pescado fresco o salado) en lugar de dinero en efectivo para sus honorarios y tratamiento de consulta. Y hoy, mientras que el trueque ha sido considerado por algunos como una forma anticuada de la negociación, se ocupa en la contratación militar, las ventas de productos de tecnología de alta calidad, aviones comerciales, y los proyectos de construcción, entre muchos otros. Cuando se realiza a través de fronteras tiende a implicar el intercambio de servicios o bienes físicos en lugar de la moneda.

El trueque, por lo tanto, sigue vigente, y debe ser visto como un mecanismo para ampliar el conjunto de alternativas de un negociador y utilizado en los entornos más modestos o en situaciones de negociación cotidianas. Más importante, sin embargo, es entender que el trueque es una de las opciones disponibles durante la negociación. Común a todas estas opciones es la creencia de que la creatividad puede añadir soluciones al igual que los medios convencionales.

Recuerdo una ocasión en la que estaba impartiendo una conferencia y uno de los asistentes me increpó: "Dígame, profesor, ¿usted practica la negociación o sólo es un experto en teoría?". A lo que respondí: "He negociado proyectos de varios millones de dólares para las empresas donde he trabajado, ¿a eso se refiere usted?"

En el receso se me acercó el participante y me pidió que le ayudara, a él y a su equipo directivo, con una consultoría de negociación. Necesitaba generar y revisar ideas para asegurarse de que la venta de su empresa estuviera en el camino adecuado de negociación.

Empecé a trabajar para esta persona con mucho entusiasmo y me reuní con el equipo directivo. Al final de una sesión de dos días, llegamos a la conclusión de la falta de plan B en la negociación. En otras palabras, si no se llegaba a un acuerdo en la compra de la empresa, ¿cuál sería el plan B? El dueño de la empresa quedó muy contento con mi trabajo, sobre todo por el incremento de su poder de negociación al contar con una alternativa en caso de no llegar a un acuerdo de compra con el cliente. Al dar por terminada la reunión, el dueño se dirigió a mí: "Habib, ¿cuánto te debemos?" Si bien es cierto que hay que tener precaución con la primera oferta de negociación, porque puede anclar el resultado final, hay que dar un presupuesto antes de empezar los trabajos. Mi gran error es que habíamos empezado a trabajar sin un acuerdo de pago. Yo le respondí:

– Querido Juan, si te doy un precio ahora que ya terminamos el trabajo, quizás sea muy alto para ti y te sientas comprometido a pagarme lo que te indique por el buen resultado de mi trabajo. Siento que cometí un error al no darte una cifra desde el principio, y ahora estamos en un dilema ético, creo yo. Mejor dime tú qué crees que es lo justo. ¿Cuánto le pagas a tus abogados de Nueva York como referencia?

– Habib, la cantidad que yo te proponga no va a ser justa, probablemente será muy baja y tú has hecho un muy buen trabajo. ¿Qué me propones?
– Pues, mi querido Juan, estamos en un dilema ético. Si yo te doy una cifra, quizás sea muy alta; tú me adviertes que quizás la tuya sea muy baja. ¿Qué te parece si generamos una opción? Se me ocurre lo siguiente: dentro de un mes tengo un evento, he sido invitado por las Naciones Unidas. Ahí estará el presidente de la República. Tu empresa podría patrocinar y asegurar que todos los asistentes al evento tengan mi libro *Negociando como un Fenicio*, y así quedamos en paz. ¿Te parece?
– Me parece sensacional la idea –respondió Juan– muy acertada y estratégica. Tengo un presupuesto para la promoción. Además, nos has generado una riqueza que no esperábamos.

Muchos pueden criticar que no me pagaran por mis servicios y que el trueque de libros por el trabajo le dio mayores beneficios a Juan que a mí. Sin embargo, yo les pregunto: ¿qué impacto tiene que alguien con prestigio en el mundo de los negocios patrocine un libro que se entregará a miles de negociantes frente al presidente de la República?

Pasaron los años, y cuando mi querido Juan fue invitado a la Universidad de Rice en Houston como conferencista principal, me invitó, junto con mi esposa Marcela, a sentarme en su mesa de honor. Frente a la comunidad de negocios de Houston, comentó que todo lo que aprendió a negociar fue a través de *Negociando como un Fenicio*, y mostró el libro.

¿Cuánto valor tiene esta referencia académica y testimonial de negocios de un conferencista principal en la Universidad de Rice? ¿Valió la pena la estrategia del trueque? Por supuesto, no tengo duda alguna. Entonces, quizá cuando estemos en un callejón sin salida en una negociación en donde es muy importante la relación, pensemos en el trueque como una estrategia de salida. Para que funcione, debemos de generar valor para ambas partes.

China, por ejemplo, ha estado ayudando a algunos países en desarrollo, especialmente en África, para la construcción de edificios, sistemas de transporte (puentes, carreteras y ferrocarriles) e industrias mineras, a cambio de reconocimiento diplomático y el apoyo de organizaciones internacionales como las Naciones Unidas. Otra forma de trueque son las licencias cruzadas de patentes por parte de empresas de alta tecnología. Un caso para recordar es la venta de Motorola, división de telefonía celular, por Google para Lenovo, donde Google mantiene la mayor parte de las patentes.

Para ilustrar cómo el trueque trae nuevas opciones a la mesa de negociaciones, en el año 2014, mis colegas Hazlett, Valderrey, Chiu y yo, presentamos en el *Chinese Journal of Negotiation: Tan Pan*, el caso de un acuerdo realizado entre un consultor y una gran organización. Se trataba, en primer lugar, de un escenario multicultural donde no se llegaba a un consenso. El trueque entró en juego para garantizar el respeto mutuo, la reputación personal y la intención común de allanar el camino hacia una relación más personal. Aunque de carácter anecdótico, este caso nos invita a comprender el papel que el trueque puede desempeñar para ayudar a las partes a superar un callejón sin salida. En los mercados globalizados, los antecedentes de los negociadores son más importantes que nunca. Aunque la diversidad cultural puede convertirse en un obstáculo, es bueno tener en cuenta que hay soluciones alternativas en escenarios que conducen a un punto sin retorno.

Con frecuencia, las relaciones entre las empresas se encuentran con barreras psicológicas y culturales. A veces, ni los enfoques estratégicos ni la experiencia técnica son suficientes para superarlas.

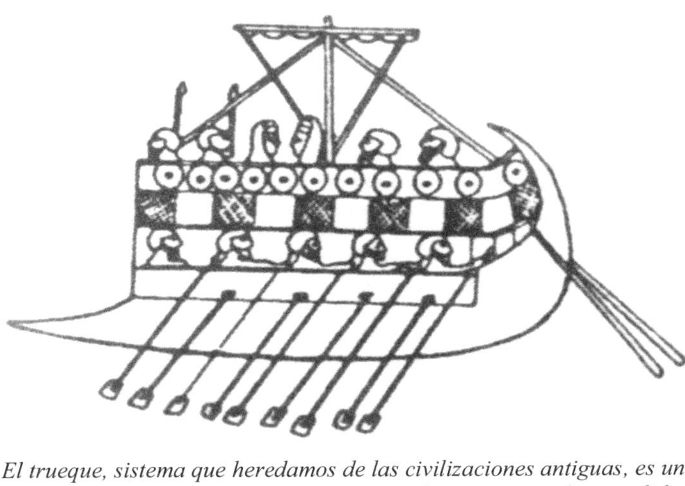

El trueque, sistema que heredamos de las civilizaciones antiguas, es una forma creativa de negociar en la actualidad.
Museo de Cádiz, Barco Fenicio.

Si seguimos la evolución de las teorías sobre este tema, veremos que en una etapa temprana, las habilidades y destrezas de las personas sentadas en la mesa podían determinar el resultado de la negociación; hoy el paradigma es distinto, pues el conocimiento y la experiencia adquirida son tan importantes como para mitigar el impacto de la personalidad y los rasgos culturales asociados a un origen o identidad del individuo. Sin embargo, alternativas como el trueque son una buena forma de lidiar con la dimensión humana de una negociación.

En muchos estudios, el trueque es a menudo relegado a los sistemas económicos subdesarrollados anteriores a la llegada de la moneda común. Jack Kaikati (1976) sostiene que el famoso economista Adam Smith criticó el comercio de trueque como un sistema primitivo, crudo y sin refinar. De hecho, el trueque, el intercambio basado en valores equivalentes, a menudo tiene el problema del valor de ajuste de mutuo acuerdo en los elementos de contraste de tamaño, medida y utilidad. Sin embargo, aún representa la imagen más simple del comercio impulsado por el mercado.

El trueque es un fenómeno social que tiene su origen en la agricultura de la antigüedad. A medida que las economías avanzaron hacia las agrofamilias autosuficientes, el intercambio de un beneficio mutuo se volvió predecible. Una de las primeras cuentas de trueque intercultural fue documentada por Herodoto en el 440 a.C. (Rawlinson, 1997). Se trata de un caso en el que los comerciantes fenicios colocaron las mercancías transportadas en una playa para que los nativos las intercambiaran por artículos locales de igual valor. En un trabajo que realicé con mi colega Randy Hazlett en 2007, mostramos la capacidad de los antiguos fenicios para establecer y mantener una red mercantil a través de múltiples culturas aun cuando se encontraban en un período de inestabilidad política y en medio de la construcción de un imperio regional.

Los fenicios ciertamente no inventaron el trueque, pero a través del uso de la tecnología, es decir, el transporte marítimo y la navegación, fueron capaces de conectar los recursos regionales con mercados lejanos donde adquirían mayor valor. Dependiendo del caso, los fenicios utilizaron prácticas de trueque directo e indirecto –de hecho, hubo intercambios de plata en los que se logró establecer y aceptar un valor común–. Gracias a estas prácticas, asentaron un sistema de comercio que unía los mercados establecidos, conectando los productos locales a los mercados foráneos a través del envío y los llamados puestos comerciales. Esto generó un sistema de intercambio de bienes tan abundante que la demanda dio lugar a la implementación de una flota mercantil.

En otra parte del mundo, en el siglo II a.C., la dinastía Han inauguró la famosa Ruta de la Seda, la cual se extendió por todo el camino desde el noroeste de China hasta el Medio Oriente (Damasco y Alejandría), pasando a través de Xinjiang y Persia. Los chinos traían principalmente seda –de ahí el nombre de la ruta–, además de utensilios de laca, productos de hierro y hierbas para el Oeste. El largo intercambio terminaba en Roma gracias a los mercaderes persas y árabes. A cambio, los chinos recibían nuevas especies de frutas y verduras, como uva, sésamo, nueces y cebollas verdes, animales exóticos como los famosos caballos de guerra de Asia Central, camellos, leones, rinocerontes, pavo reales y avestruces, así como objetos de valor entre los que se encontraban el vidrio, el coral, el mercurio, el ámbar, ágata, conchas de tortuga y especias.

En la época de la dinastía Han también se inició el "camino" del mar de Seda, con naves que viajaban desde el sur de China a la India. Desde allí, otros comerciantes llevarían la mercancía hasta Roma. Los comerciantes chinos intercambiaban seda y oro por especias, así como por perlas y otros objetos marinos de gran valor considerados exóticos. El volumen de los bienes intercambiados por mar era mucho más grande que el volumen intercambiado por tierra en la Ruta de la Seda debido a la capacidad de carga de las naves, que comparada con la de las caravanas de camellos era mayor. Incluso se estima que los barcos más grandes podían llevar de 50 a 60 toneladas de mercancías (Editorial Commitee, 2000).

El trueque, un intercambio de bienes de valor local igual, estuvo en el centro del modelo de negocio de dos de las culturas más importantes de la historia, la china y la fenicia. De ahí que el antropólogo Feleke Tadele considere que el trueque debe considerarse un concepto teórico importante en la antropología económica, ya que pone de manifiesto las fuerzas sociales, culturales, históricas y políticas que impulsan los mercados hacia el uso de la moneda (2000: 223) Al observar varias culturas en las que se practica el trueque, encontramos que establecer el valor en los arreglos es un problema común, ya que algunas economías utilizan un solo producto para determinar el valor relativo de todos los demás bienes. Esta situación fue precursora al establecimiento de una moneda común.

El historiador Magnus Widell señala que hubo dos sistemas de intercambio en las antiguas economías de la época de Ur III: un sistema de trueque con base en el valor de la cebada, y una segunda basada en plata (2005). Por su parte, la antropóloga Haydée Quiroz Malca describe cómo las comunidades indígenas de Guerrero, México, han estado negociando desde el principio de su civilización sobre una economía basada en el trueque de sal (2009). Los chinos, a su vez, usaron conchas como dinero en el pasado. Aunque son sólo algunos ejemplos aislados, dan cuenta de la evolución de los sistemas mercantiles procedentes de trueque.

Feleke Tadele, tras revisar el trabajo de antropólogos y economistas, enumera cuatro características inherentes al trueque: (Tadele 2000: 223)

1. El intercambio es **impulsado por el interés mutuo** de bienes con valor de consumo directo y la satisfacción derivada de la operación. Podemos ver un ejemplo de esta característica en los pueblos indígenas mexicanos. En el estado de Oaxaca, hasta la fecha se intercambia la sal por algún producto que

necesitan, digamos, una camisa. El trueque está impulsado por un interés mutuo: las personas que intercambian la camisa por el equivalente en gramos de sal tienen un interés por la sal, así como los trabajadores de la sal necesitan o tienen interés por esa prenda de vestir que seguramente no pueden producir en su comunidad.

2. El comercio se rige por **el equilibrio interno del valor** en ausencia de los tipos de cambio preestablecidos. Supongamos que se hace un trueque de cinco camisas por veinte kilos de sal. Al no haber una moneda común, la transacción se rige por el valor que acarrea el objeto (camisa o sal) o por la unidad de peso en camisas/peso de sal. El tema clave es determinar el valor de los objetos intercambiados en el trueque.

3. El trueque **requiere una interfaz** con información sobre los bienes disponibles a los interesados. Para justificar el valor de un objeto se tienen en cuenta dos criterios: la información que se brinda sobre el producto y la manera en que se presenta. No es lo mismo intercambiar una camisa de lino que una de algodón. Los involucrados en el intercambio deben brindar la información suficiente para justificar el valor de la diferencia.

4. El trueque crea lazos sociales, entre ellos, las relaciones discontinuas y aisladas, intercambios recurrentes y las relaciones a través de muy diversos grupos socioeconómicos y políticos, que fomentan

> las buenas sensaciones entre las partes debido a un principio de equivalencia intrínseca y la satisfacción por el sentido de justicia. (Tadele, 2000) Cuando llegan los clientes con novedades, juguetes o comida para intercambiar con otros individuos con los que ya habían intercambiado en el pasado, si el treque se da bajo un contexto de tolerancia y respeto, a medida que pasa el tiempo se crean relaciones de largo plazo. En el caso de los fenicios, que conquistaron el Mediterráneo sin guerra y a través de relaciones comerciales, se crearon relaciones interculturales que duraron un periodo de 2000 años.

Un punto de vista alternativo no reconoce el trueque sólo como una institución histórica, sino también como un fenómeno contemporáneo todavía muy en uso, aunque a menudo se disfraza con la terminología alternativa. Según Don Mardak, director del Sistema Monetario Internacional, más de un tercio de todas las empresas estadounidenses emplean alguna forma de trueque, y el 65 por ciento de las empresas que cotizan en la bolsa de Nueva York (Stock Exchange) utilizan el trueque para reducir el inventario, impulsar las ventas, y asegurar la capacidad de las instalaciones de producción (Mardak, 2002). Este autor también señala que las redes de trueque y el trueque permiten a las organizaciones de todos los tamaños manejar creativamente su inventario para afrontar el constante cambio de factores de oferta y demanda, añadiendo valor a los suministros que de otra manera disminuyeran. Michael Gershman, por su parte, apunta que los elementos que pueden intercambiarse en el trueque se agrupan en tres categorías: finanzas, compras y comercialización. Gracias a esta flexibilidad, el trueque brinda una ventaja para mover el inventario de bienes para el comercio, la promoción o la comercialización de un nuevo producto o un nuevo mercado (1986).

Darren Dahel describe cómo en la actualidad se dan trueques patrimoniales entre las empresas y quiénes hacen estrategias de marketing en línea con el objetivo de mejorar las métricas, fácilmente definibles. (2010) Esto es esencialmente un trueque de conocimientos por una participación del negocio mejorado. Tadele menciona que son pocas las economías en las que no se opera con trueque, incluso en la actualidad. (2000) En esa misma línea, Karen y Shera Dalin (2010) mencionan que ante la crisis económica, la gente está volviendo a la antigua forma de comercio.

Con la relevancia que está retomando actualmente, es vital considerar al trueque como una herramienta útil en cualquier forma de negociación. Sin embargo, en el contexto de una negociación trascendente, el uso del trueque tiene mayor importancia, ya que puede satisfacer necesidades que van más allá del simple intercambio comercial.

CAPÍTULO II

LA PRUDENCIA

La prudencia es la virtud de la razón práctica que nos permite discernir nuestro verdadero bien y elegir los medios rectos para realizarlo. San Gimignano, Italia. Foto: Habib Chamoun-Farah.

¿QUÉ ENTENDEMOS POR PRUDENCIA?

Hace un par de años, en un paseo familiar de fin de semana, uno de mis hijos me dio una gran lección de prudencia. Recuerdo que llegamos al cine y no lográbamos ponernos de acuerdo para elegir una película, entonces inicié una negociación con mis hijos. Todo iba bien hasta que uno de ellos hizo un comentario que me molestó. Yo, en lugar de hacer una pausa y razonar con él para alcanzar un objetivo tan simple como elegir una película, respondí de manera agresiva. Otro de mis hijos, al ver lo que ocurría, echó mano de su inteligencia y con las palabras adecuadas nos mostró las ventajas de una película sobre otra. Después de comprar los boletos, se me acercó y me dijo que se me había pasado la mano con el regaño, que era un paseo familiar y que no valía la pena confrontarnos así. En esa ocasión, gracias a él, entendí en carne propia lo que significa ser prudente.

La prudencia es una virtud de la razón práctica que nos permite discernir nuestro verdadero bien y elegir los medios rectos para realizarlo; es un ejercicio de la razón y de la voluntad que se desarrolla en cualquier circunstancia. Sea cual sea la coyuntura histórica o vital, siempre es posible encontrar el verdadero bien y elegir los medios que nos conducen a él. Visto desde este lugar, no es que en la vida haya circunstancias buenas o malas, lo que hay es un buen o mal ejercicio de la razón práctica. De lo que tenemos que asegurarnos en cualquier caso, es de la rectitud de nuestra acción.

Santo Tomás de Aquino, gran maestro de las virtudes, menciona en la *Suma teológica* que la prudencia es la regla de la recta acción; ésta no ha de confundirse con la timidez, ni con el temor, la deslealtad o la disimulación. Al contrario, la prudencia es el ejercicio de una fuerza interior, pero implica conocernos a nosotros mismos para desarrollarla. El que es prudente, continúa Santo Tomás, no se doblega, sino que utiliza la razón en cualquier escenario, incluyendo por supuesto al ámbito de la negociación. Gracias a la prudencia, la razón puede recurrir a principios morales, aplicarlos en casos particulares de negociación y actuar con la certeza del bien que se debe hacer y el mal que se ha de evitar. En ese sentido, la prudencia no sólo es una virtud restrictiva sino también proyectiva, es decir que además de ayudarnos a poner en claro los límites de lo bueno y lo malo, también nos permite imaginar las acciones que son posibles dentro de ese marco. Por eso, saber arriesgarse es fruto y actitud de la prudencia.

La palabra prudencia viene del latín *prudentia*, que procede a su vez de *pro videntia*, es decir, el que ve por adelantado. Quizás por ello hemos escuchado decir que la prudencia es la madre de todas las virtudes, pues no sólo nos da la disposición para comprender las circunstancias, también nos lleva a obrar o crear –la negociación es la creación de una nueva posibilidad– las condiciones fundamentales de justicia, fortaleza y templanza. Sólo el que es prudente puede llegar a ser justo, fuerte y templado. El imprudente, en cambio, está lejos de ser justo y fuerte, ya que su "arrojo" en realidad responde a un interés personal y altamente subjetivo. Desde esta perspectiva, una negociación no consiste en gestionar las circunstancias para conseguir un fin individual; es más, no vale la "buena intención" o la "buena voluntad" para poner en marcha un proceso de negociación. Llevar a cabo el bien, motivación fundamental en todo negociador trascendente, hace que nuestra acción dependa de la búsqueda de un bien común en situaciones reales y prácticas. Esto requiere que pongamos atención, rigor y objetividad a las realidades que nos circundan.

LA NEGOCIACIÓN COLABORATIVA

La prudencia es una forma de sabiduría práctica que nos permite actuar de la mejor manera para alcanzar un fin determinado. Como el resto de las virtudes y los saberes prácticos, la prudencia se desarrolla y se perfecciona a partir de las experiencias y los aprendizajes que éstas nos brindan. Como profesor universitario, siempre he buscado la manera de brindar a mis alumnos vivencias y metodologías orientadas a formar negociadores con sentido ético. Una de esas experiencias se dio mientras fui profesor en las carreras de Negocios internacionales y Mercadotecnia, en la Universidad del Istmo, Guatemala.

Durante dieciséis semanas trabajé con los estudiantes de último semestre en la aplicación de un modelo de negociación colaborativa. El objetivo era muy sencillo: **hacer el bien** en el ámbito de su casa. Los alumnos tendrían que colaborar para mejorar la convivencia, pero no podían decirle a su familia por qué lo estaban haciendo. Durante el semestre, tanto de manera presencial como a través de la enseñanza virtual (usando la aplicación Skype y la plataforma Blackboard Collaborate), la profesora Ana Izabel de Matta Vega de Palacios y yo fuimos incorporando al curso una serie de herramientas de apoyo, entre las que se encuentra el método Tradeables™. Éste método consiste en identificar qué factores crean una mayor capacidad de negociación para nuestro presente y para futuros acuerdos. Entre esos factores hay ideas y acciones que impulsan el acuerdo sin que sean parte de la transacción,

Hacer el bien sin esperar nada a cambio logra mayores beneficios que si se espera algo. Antigua, Guatemala.

o bien, productos y servicios que satisfacen las necesidades de los clientes, que no están en nuestra línea de productos y que no están en competencia con nuestra oferta. En un siguiente apartado dedicaremos más tiempo a explorar este método.

Los estudiantes con los que trabajamos tenían un promedio de 20 años de edad, nivel socioeconómico de clase alta, y la mayoría aún vivía con sus padres. El primer día de clase les preguntamos: "¿Qué hace usted en su casa para ayudar a su familia?" La mayoría respondió que no hacía nada, ni siquiera tareas simples como lavar platos, hacer la cama o pasear al perro. Les pedimos que pusieran en práctica el modelo de Tradeables en su casa sin esperar nada a cambio y que observaran si había cambios en su comportamiento o en el de su familia. De manera paralela, analizaron negociaciones en videos tomando como base su intuición y las compararon con lo aprendido en clase.

Todo esto generó debates enriquecedores en clase y contribuyó a fomentar la motivación para el aprendizaje. Para integrar las mejores prácticas de los negociadores de todo el mundo, usamos juegos de roles y estudios de caso. Entre otros aprendizajes, estuvo el de negociar a través del correo electrónico y chat, cómo escribir mensajes, colaborar de manera diplomática (formular preguntas, verificar, proponer y afirmar/confirmar) en lugar de competir o evitar conflictos; exploramos las tácticas de negociación y los estudiantes aprendieron a aplicarlas para acercar a las partes a un acuerdo. Una vez que los estudiantes asimilaron un conjunto de premisas y principios de negociación, se les pidió que las pusieran en práctica en su día a día y que compartieran sus resultados en las sesiones de clase.

A los estudiantes no sólo se les invitó a conocer los conceptos de negociación sencillos aplicados en las actividades diarias, sino también a encontrar formas creativas de cambiar los comportamientos evasivos y competitivos del negociador para ser más colaborativos al generar *Tradeables*. En los testimonios recogidos al final de las dieciséis semanas, notamos cambios de comportamiento no sólo en los estudiantes sino también en los familiares. Gracias a un cuestionario que llenaron al inicio y al final del semestre, evaluamos la eficacia de su negociación con base en el grado de colaboración y preparación previa, así como la forma de entender a los competidores en una situación determinada, entre otros factores. Los alumnos también realizaron la prueba de Thomas Kilman con el fin de encontrar un estilo de gestión de conflictos. En comparación con otros grupos de edad y de estado socioeconómico similares en México, los guatemaltecos fueron más altos en el estilo de evitar. Curiosamente, sólo dos estudiantes guatemaltecos mantuvieron un estilo de colaboración dominante inicial; ambos tenían más experiencia de trabajo que el resto del grupo y eran mayores de edad que el promedio.

De acuerdo con los informes diarios, los estudiantes que antes no dedicaban tiempo a las tareas domésticas, comenzaron a generar *tradeables* con sus padres como consecuencia de un cambio de comportamiento en la colaboración. Por lo menos veinte de los 49 estudiantes cambiaron su comportamiento. Los testimonios de padres, compañeros de trabajo y amigos confirmaron un aumento notable en el comportamiento cooperativo.

La mejora cuantificada del comportamiento de los estudiantes sugiere que la práctica de los conceptos aprendidos en clase para "hacer el bien" de forma periódica lleva a los alumnos a reflexionar de manera crítica sobre las prácticas realizadas durante el curso y las negociaciones de la vida real. Al compararlas con oportunidades de mejora, junto con las habilidades de negociación, el aprendizaje se traduce en un cambio de comportamiento, incluso cuando el cambio se opone a las normas culturales.

El resultado más interesante es que los padres, los amigos, familiares o compañeros de trabajo se dieron cuenta del cambio de comportamiento; la mayoría de los encuestados reportó un comportamiento más colaborativo. Otro dato interesante es que los estudiantes también notaron un trato mas colaborativo de la otra parte como reacción a su propia acción colaborativa. En conclusión, recurrir a los **Tradeables™** en el modelo de las tareas del hogar no solicitadas mejoró la probabilidad de comportamiento mutuamente colaborativo.[3]

A continuación compartimos algunos de los testimonios recogidos durante esta experiencia.

[3] Curiosamente, al analizar estos resultados con mi colega Randy Hazlett e integrar algunos factores de la teoría de juegos, descubrimos que los *Tradeables* pueden acelerar la aproximación a un equilibrio de Nash, si existe, y cambiar la posición de equilibrio, temas que trataremos a profundidad más adelante.

Testimonios de estudiantes

Después de realizar el curso, mi comportamiento experimentó varios cambios. La búsqueda de información (saber qué pasa y cómo afecta a otros factores externos) se ha convertido en un hábito. Ahora considero que tener el contexto de la situación me permite llegar a mejores conclusiones y adoptar las mejores estrategias. También me di cuenta de que ahora no trato de exponer mi posición a los demás, en su lugar, elijo escuchar y observar cómo otros reaccionan a lo que sucede, porque entonces se puede entender la influencia en la persona. Otro comportamiento que he cambiado es que ahora no me doy por vencido fácilmente con negociadores difíciles. Ahora que sé y conozco las tácticas y estrategias de negociación, creo tener varias herramientas para buscar un mejor comportamiento y responder con soluciones alternativas. Siempre bajo el principio de una negociación justa, busco ejercer mi estrategia y garantizar el establecimiento de mi posición en las negociaciones. Estudiante 1

Desde el inicio de este curso hasta su fin, ha cambiado mi comportamiento, en especial con mi familia, porque a menudo, cuando he intentado negociar, no siempre he obtenido un resultado positivo. Este curso me ayudó sobre todo con mis hermanos para llevar a cabo una buena negociación de las cosas más simples, teniendo siempre en cuenta mis intereses y también los de ellos. Tengo en cuenta el hecho de escuchar primero y saber en qué posición se encuentran, para luego hacer una buena propuesta sobre cómo resolver algo o simplemente llegar a un acuerdo. Se produjo un cambio de actitud a lo largo de este curso y sé que puedo seguir utilizando el concepto de Tradeables *en mi vida personal y profesional.*

Estudiante 2

En cuanto al curso, he cambiado la forma en que pido las cosas en mi casa con mis padres, ya sea cuando pido permiso o para ofrecerme a ayudar en las ocupaciones. Al principio no se dieron cuenta, pero conforme transcurrieron las semanas, se cuestionaron por qué estaba cambiando. Como nunca esperé nada a cambio, noté que mis padres empezaron a ser mucho mas amables conmigo y mejoró mucho la relación.

Estudiante 3

Después del curso me di cuenta de que considero los beneficios de los demás antes de actuar, razono más y soy mucho más colaborador en muchos aspectos. Soy más paciente y presto especial atención a las opiniones de otras personas. Recomiendo el curso porque uno adquiere conocimientos que resultan prácticos en la vida real mientras aprende a negociar de diferentes maneras, utilizando tácticas a fin de lograr los objetivos. Estudiante 4

Testimonios de terceros

Pienso que mi hermana ha cambiado mucho porque ahora cuando me pide algo, siento que me entiende y no me cuestiona como antes. Ahora encuentra la manera de llegar a un acuerdo para que nuestra relación vaya bien. Ahora es una amiga en la que puedo confiar porque sé que le gusta saber que estoy bien, y cuando no le gusta algo, me lo dice con calma, me explica sus razones. Así es más fácil de entender.

Hermano

He visto algunas mejoras en el comportamiento de mi hijo. Ahora está mucho más dispuesto para ayudar y es menos introvertido, ha ganado mayor confianza en lo que sabe y su capacidad de negociar es mejor. Ha perdido un poco el miedo y la vergüenza de preguntar cuando negocia, incluso cuando me acompaña al mercado a comprar. Me pudo mostrar cómo puedo conseguir que el vendedor me dé un mejor precio, y en el negocio familiar me enseñó cómo hacer sentir a nuestros clientes que les estamos ofreciendo algo más que un producto.

Madre 1

Es increíble lo que mi hija ha cambiado a lo largo de este semestre. Ahora se toma el tiempo para entender a los demás, analizar sus respuestas y no contestar nada sin pensar en las consecuencias. Ahora tenemos la oportunidad de compartir con ella en la mesa y hablar sobre diversos temas. Antes era imposible por su rigidez en la manera de pensar. El cambio ha sido tremendo. Ahora ella me aconseja y, tanto a mi marido como a mí, nos hace ver las cosas de manera diferente, lo que nos ayuda a saber qué es lo más conveniente. También estoy muy impresionada por sus contribuciones en la casa, que son bastante visibles. Ayuda al empleado y se hace su propio desayuno, cena y arregla su dormitorio. Se ha vuelto más útil en la casa y ahora disfrutamos de un ambiente tranquilo.

Madre 2

TRADEABLES Y LA PRUDENCIA EN LA NEGOCIACIÓN

Después de exponer el caso anterior, seguramente se preguntarán cómo y por qué los Tradeables pueden ser una forma de ejercitar la prudencia en una negociación. Como mencionamos más arriba, los *tradeables* pueden entenderse como:

a) Un conjunto de ideas o acciones que, sin ser parte de la transacción, ayudan a impulsar un acuerdo.
b) Los productos y servicios que no están en nuestra línea de productos ni compiten con nuestra oferta, pero que satisfacen las necesidades de los clientes.

En resumen, son aquellos factores que crean una mayor capacidad de negociación para nuestro propio presente o futuros acuerdos.

La palabra *tradeable* proviene del inglés *able to trade*, y significa literalmente "habilidad para negociar" o "susceptible de ser negociado". En español lo entenderíamos como aquello que da capacidad de negociación. Haciendo un juego con las letras, veremos que al interior de la palabra traDEAbLe viven dos: DEAL, como negocio en inglés, y *trabes*, que en latín significa viga o estructura. Partiendo de este curioso juego, vamos a explorar las ventajas que el modelo **Tradeables™** nos brinda para mejorar el resultado de nuestras negociaciones.

En la realización de un acuerdo hay que reconocer lo que no es negociable, lo que sí es negociable y lo que no necesita ser negociado. Este es el primer paso para asegurar un resultado óptimo. Tal preparación sencilla minimiza el desperdicio de recursos. Sin embargo, hay otros *tradeables* que pueden hacer que una trato suceda, incluso sin centrarse en la esencia del mismo.

Mi colega Randy Hazlett y yo hemos demostrado que el concepto de *tradeables* no es nuevo, pues fue parte de la práctica comercial de los antiguos fenicios, creadores y dirigentes de un imperio comercial que abarca varios milenios en medio de conflictos regionales y una historia de conquista. Los fenicios dominaron el comercio marítimo en el Mediterráneo durante más de 2000 años, hasta que Alejandro Magno conquistó Tiro en el año 332 a.C. La influencia fenicia continuó sin un eje central en Fenicia propiamente, al menos a través de las guerras púnicas y de una red de puestos comerciales establecidos.

Aunque los fenicios fueron superiores en la construcción naval y navegación, como se asegura en varias fuentes[4], la ventaja de la tecnología por sí sola no podría explicar la longevidad de esta sociedad mercantil. Thomas Johnston deduce que el hecho de que la tendencia fenicia fuese comerciar con los grandes centros de la civilización, demuestra que la calidad de sus productos no era suficiente para ser avalados, sino que la forma en

[4] Secretos de Arqueología DVD 2003 y Herodoto, traducido por Rawlinson, 1997: III 136

la que los disponían durante el intercambio era fundamental (Johnston, 1965). Hazlett y yo creemos que el modelo de negocio fenicio prosperó en tiempos peligrosos gracias al uso de los *tradeables*. Ejemplo de ello son los regalos de apaciguamiento que ofrecieron a rey asirio Tiglatpileser. Al respecto, el historiador Moscati dice que las ciudades fenicias no parecían ofrecer ningún tipo de resistencia armada, pues no hay ninguna mención de esas batallas (Moscati, 1969). Esto estaría en carácter con la política de los pequeños estados, que para satisfacer a sus poderosos vecinos, recurrían a homenajes y tributos. Las Escrituras hebreas dan cuenta de las negociaciones prolongadas entre el rey Hiram de Tiro y de los reyes David y Salomón, incluyendo una larga historia de regalos no solicitados y de acuerdos abiertos; por lo que la longevidad de la cultura fenicia mercantil será también, en parte, atribuida a la benevolencia intergeneracional (Wade-Benzoni, 2006).

Cabe advertir que los *Tradeables* no son favores o regalos que se hacen con la expectativa de recibir algo a cambio; el dicho que reza "yo te rasco la espalda si tú rascas la mía" no se aplica, como tampoco las acciones *quid pro quo* califican como *Tradeables*. El uso de los *Tradeables* no debe ser interpretado en ningún caso como un soborno. Como ya hemos visto, el modelo de negocio fenicio es de apertura, imparcialidad e integridad, y eleva al cliente como socio de negocios de largo plazo ante el presente acuerdo. Cualquier oferta fuera de este marco simplemente no está en alineación con el espíritu de Tradeables™.

LA FILOSOFÍA DE DAR[5]

Otro capítulo del conocimiento que antecede al concepto de *Tradeables* es la filosofía de dar, un concepto central en las enseñanzas de Santo Tomás de Aquino, que data del siglo XIII d.C. Éstas colocan el bien común por encima de los beneficios individuales. Sin embargo, en el marco de una negociación, si no somos prudentes, anteponer un bien común sin antes ver las necesidades de cada persona, puede crear una atmósfera negativa en lugar de una constructiva, sobre todo en un encuentro intercultural. Por ejemplo, si el receptor de un *tradeable* proviene de una cultura distinta a la del emisor y recibe un regalo, éste puede ser interpretado como un soborno o una forma de manipulación. "Una persona puede desencadenar un sentimiento de endeudamiento con nosotros cuando le hacemos un favor sin que nos lo haya pedido" (Cialdini, 1993). La necesidad de devolver el favor con algo de igual o mayor valor puede ser una poderosa fuerza para ganar influencia o crédito. En ciertas culturas hispanas, regalar puede sentar un precedente negativo, ya que cuando regalas algo, la gente espera obtener obsequios cada vez mayores, o como se dice popularmente: "Les das la mano y te jalan el brazo, les das el brazo y te quitan todo". En estas culturas, dar

[5] Extracto del trabajo realizado junto con Randy Hazlett: 'The Psychology of Giving and Its Effect on Negotiation', *Rethinking Negotiation Teaching: Innovations for Context and Culture*, editado por C. Honeyman, J. Coben, and G. DePalo; St. Paul, MN: DRI Press, 2009.

algo la primera vez predispone a recibir algo igual o mejor en las subsiguientes.

El comportamiento generoso puede generar falsas expectativas, lo que provoca que el *tradeable* pierda su poder de apalancamiento. De hecho, la expectativa de recibir un *tradeable* mayor suele tener consecuencias negativas para ambas partes. En las culturas de Oriente Medio, el dar es contrarrestado con reciprocidad en exceso. En una cultura en la que rechazar un regalo es considerado como un insulto, el dar puede considerarse como un hecho injustificado y los receptores van a interactuar con desconfianza hasta que el indicio de una segunda intención sea anulado.

El dar conlleva un riesgo para el negociador sin preparación. De ahí que sea muy importante investigar antes de tomar la iniciativa. En situaciones culturalmente delicadas, si en el proceso de recopilación de datos encontramos que el dar un regalo será considerado como un signo de atención y cuidado, entonces existe una tremenda ventaja para las relaciones futuras. El dar sin condiciones, sin intenciones manipuladoras y egoístas, creará un gran apalancamiento para futuros intercambios entre las partes. Esto coloca al que da en una situación de donante efectivo, similar a la posición del negociador eficaz.

Para comprender la complejidad y el potencial de un *tradeable*, vayamos al libro *Grandeza de la vida* (2003), donde el profesor López Quintás explica que la interacción entre el objeto, el individuo y el ambiente puede elevar los niveles de conciencia y virtud. El primer nivel se compone de objetos que pueden ser usados para intercambiar y descartar; es el nivel de bienes materiales sin interpretación, el de la realidad concreta. En el segundo nivel, el de los ambientes, los objetos tienen la capacidad de dar forma a su entorno y pueden crear posibilidades. A fin de cristalizar las posibilidades en este nivel, debe realizarse un encuentro entre ambiente e intérprete. Si el intérprete tiene buenas intenciones, es decir, un conjunto de valores honorables y principios, el nivel podría seguir subiendo a una escala más alta de significado y virtud. Por el contrario, si el intérprete utiliza las posibilidades para su propia ventaja, esto generará niveles negativos que conducen a la destrucción.

El profesor López Quintás ejemplifica esta filosofía con un partitura de Ludwig van Beethoven, *Für Elise*. En el nivel de los objetos, la partitura es simplemente un pedazo de papel sin posibilidades, no es la pieza musical. En el segundo nivel, sin embargo, la hoja se convierte en un ambiente capaz de crear posibilidades múltiples; estas posibilidades requieren del encuentro entre el ambiente (partituras) y un intérprete. Si el intérprete está bien entrenado con un conjunto de valores, buena música podría sobrevenir. Un músico entrenado puede incluso escuchar sin sonido, como si las notas transcritas en el papel ya no representaran manchas de tinta. Con la ayuda de otro objeto transformado, un piano, incluso el no entrenado puede experimentar *Für Elise*. La música escrita también contiene dinámicas (las marcas de expresión prevista por el compositor); una pieza de música bien tocada honrará todas las notas y la expresión del compositor, pero un gran pianista agregará belleza y estilo musical, llevando la partitura a niveles aún más altos.

Si analizamos el modelo de negociación fenicia siguiendo el razonamiento del profesor López Quintás, encontramos que las mejores prácticas de los negociadores exitosos superan el primer nivel y generan relaciones duraderas. En el concepto de *Tradeables*, el nivel uno representa un simple intercambio de objetos fuera de una transacción de comercio, trueque o negocio; algunas personas, sin embargo, no pueden ver el valor de dar y perciben este proceso como un simple canje de objetos en el inventario. En el nivel dos, los *Tradeables* se transforman en ambientes capaces de producir posibilidades. Si se les otorga un espíritu de cuidado y atención, el objeto negociado transporta un significado y un valor mayor que el objeto mismo. *Tradeables* trascienden de los objetos a los símbolos de la relación. Ahora que, si se les da en un espíritu de manipulación, *Tradeables* puede ser ineficaz y potencialmente negativo para la relación comercial. El uso hábil de *Tradeables* como expresiones de valor en una relación a largo plazo favorece las posibilidades de futuro del negocio a la manera fenicia. Los niveles de conducta y virtud del profesor Quintás nos pueden dar un medio para evaluar la eficacia de *Tradeables* desde la perspectiva del cliente.

¿QUÉ NECESITA MI CLIENTE?

Hasta ahora nos hemos concentrado en las motivaciones del negociador. Hemos explorado la importancia de darle un sentido ético a su actividad y de ejercitarnos en el primer pilar, la prudencia, con herramientas que han probado su eficacia en la vida familiar. Ahora vamos a hablar sobre la prudencia al relacionarnos con un cliente, pues hay que saber interactuar con el otro para poder entender sus necesidades.

Herramientas y modelos son muy útiles para analizar y ver el potencial de rehabilitación de las relaciones. Las relaciones, a su vez, se construyen a través de las comunicaciones interpersonales. La ventana de Johari ayuda a entender las comunicaciones interpersonales (Luft y Ingham 1955). Por eso, junto con mi colega Randy Hazlett, hemos plasmado las necesidades del cliente en esta herramienta psicológica. Además de jerarquizar las necesidades, nos ayuda a determinar el nivel de profundidad del donante o el nivel de satisfacción, es decir, nos permite prever los posibles beneficios que le traerán los *Tradeables*.

El uso tradicional de la ventana de Johari se ocupa de los rasgos de personalidad. La herramienta que mostramos a continuación (Figura 4) distingue entre elementos de personalidad conocidos y desconocidos en ambas partes.

	Conocido por uno mismo	**No conocido por uno mismo**
Conocido por otros	Abierto (Pública)	Punto ciego
No conocido por otros	Máscara (Secreto)	Subconsciente (Desconocido)

Figura 4. *Ventana Johari tradicional, una herramienta psicológica para la comunicación interpersonal (Luft y Ingham 1955).*

Una segmentación similar se puede realizar con otros adjetivos que describen al comportamiento consciente o inconsciente de una persona. En el siguiente recuadro (Figura 5) hemos adaptado la ventana de Johari tradicional y le hemos asignado las necesidades de los clientes:

	Yo conozco	**Yo desconozco**
Otros conocen	Tradicional Estándares Obvio Natural Rutina	Percepciones Deducciones Inferencias Conjeturas Analogías
Otros no conocen	Secretos Sueños Aspiraciones Objetivos Inseguridades	Misterios Perspectivas diferentes Percepciones erróneas Interpretaciones erróneas

Figura 5. *Análisis de las necesidades del cliente a través de la ventana de Johari.*

En esta ventana veremos que…

- Hay necesidades que son conocidas por ambas partes: tradicionales, estándares, obvias, naturales o de rutina. Usted vende partes; él necesita partes. Existe una conexión directa de las empresas.
- Hay necesidades del cliente que no son expresadas; pueden incluir secretos, sueños, aspiraciones, metas o inseguridades. Por alguna razón, el cliente ha optado por no revelarlas. El cliente puede ser receloso de compartir demasiada información o puede creer que los receptores no pueden o no están

en condiciones de satisfacer esas necesidades. En ciertas relaciones, como en el caso de asuntos legales, la práctica habitual y la información de los hechos apalanca y da ventajas de un solo lado sin importar las implicaciones, y esto crea un trasfondo de peligro en la divulgación (Caplan, 2004).

- También puede haber necesidades de las que el cliente no es consciente al cien por ciento, sin embargo, las conoce a través de percepciones, deducciones, inferencias, conjeturas o analogías. Por ejemplo, Cliente A y Cliente B son las empresas con una línea de productos similares, por lo que uno puede inferir que tienen necesidades similares.
- Finalmente, hay necesidades que son desconocidas tanto para uno, como para el cliente. Estos podrían ser "misterios", perspectivas equivocadas, malentendidos o interpretaciones erróneas. Buscar información adicional o realizar un proceso de investigación podría revelar estas necesidades a una o a ambas partes.

Si ajustamos los nombres de categoría ligeramente, podemos entender el tipo de satisfacción de necesidades en función de los rasgos que reconocemos y que no reconocemos (Figura 6).

	Yo reconozco	Yo no reconozco
Otros reconocen	**SERVICIO** Tradicional Estándares Obvio Natural Rutina	**BENEVOLENCIA** Percepciones Deducciones Inferencias Conjeturas Analogías
Otros no reconocen	**TUTORÍA** Secretos Sueños Aspiraciones Objetivos Inseguridades	**TERAPIA** Misterios Perspectivas diferentes Percepciones erróneas Interpretaciones erróneas

Figura 6. *Clasificación de necesidades y satisfacción de necesidades en un marco de Ventana Johari modificado.*

Es difícil cumplir accidentalmente necesidades que nunca han sido reconocidas. Como tal, se habla de la categoría del **servicio** al satisfacer la necesidad expresada en un principio. Por ejemplo, una vez que queda expuesta una necesidad no revelada pero conocida para el cliente, es posible hacer frente a esa necesidad recién descubierta. La necesidad transita desde el área Máscara hasta el área Pública, y si se satisface, la llamaremos **tutoría**; ahí nos enfocamos en una preocupación más profunda del cliente después de obtener una relación de confianza. Por otra parte, la necesidad podría haber sido reconocida por nosotros, pero no por el cliente. Satisfacer una necesidad que el cliente no reconocía inicialmente es un regalo, a eso llamamos **benevolencia**. Cuando se satisface una necesidad inicialmente desconocida para ambas partes, la llamamos **terapia**. En la satisfacción de las necesidades, también podemos categorizar el papel del donante (Figura 7).

	Yo reconozco	**Yo no reconozco**
Otros reconocen	**PROVEEDOR DE SERVICIOS** Tradicional Estándares Obvio Natural Rutina	**BENEFACTOR** Percepciones Deducciones Inferencias Conjeturas Analogías
Otros no reconocen	**TUTOR** Secretos Sueños Aspiraciones Objetivos Inseguridades	**CONSEJERO** Misterios Perspectivas diferentes Percepciones erróneas Interpretaciones erróneas

Figura 7. *Los roles del donante*

Si cumplimos con una necesidad de servicio, nos convertimos en **proveedores**. Al hacer el trabajo de benevolencia, tomamos el lugar del **benefactor**. Éste podría igualmente ser un maestro, mentor o entrenador, dependiendo de la situación.

El benefactor es capaz de ver que es imprescindible convencer al cliente de una necesidad real. Por lo tanto, si logramos satisfacerla, es como dar un regalo sorpresa. Roy Lewicki (2003) señala que hay dimensiones en el comportamiento digno de confianza: los niveles de confianza se van acumulando al evaluar la capacidad, la integridad, la acción con base en principios aceptables, y la benevolencia, es decir, la preocupación por el bienestar de los demás. Desde esta perspectiva, el **tutor** es la persona que se gana la confianza para llevar la relación a un nivel más alto de compartir. Por último, el trabajo de la terapia se lleva a cabo por un **consejero**. A través de un proceso, pueden embarcarse en una empresa conjunta para descubrir las necesidades, validarlas y buscar maneras de abordarlas. En un contexto religioso, estos pueden ser reemplazados por los papeles tradicionales del predicador, sacerdote y evangelista; en el contexto de la psicología, estamos hablando de un terapeuta.

Cuando se trabaja en la satisfacción de las necesidades, también se generan lazos emocionales entre negociadores (Figura 8).

	Yo reconozco	Yo no reconozco
Otros reconocen	**SATISFECHO** Tradicional Estándares Obvio Natural Rutina	**AGRADECIDO** Percepciones Deducciones Inferencias Conjeturas Analogías
Otros no reconocen	**COMPLETO** Secretos Sueños Aspiraciones Objetivos Inseguridades	**ENRIQUECIDO** Misterios Perspectivas diferentes Percepciones erróneas Interpretaciones erróneas

Figura 8. *Clasificación de las emociones cuando se satisfacen las necesidades.*

Satisfacer las necesidades de servicio trae **satisfacción**. Satisfacer las necesidades de benevolencia despierta **agradecimiento**. Necesidades que se reunieron en la tutoría evocan **cumplimiento**. De necesidades satisfechas en terapia emanan sentimientos de **enriquecimiento**. Vale la pena señalar que las acciones dentro de las categorías del servicio, la tutoría y la benevolencia corresponden aproximadamente a las tres dimensiones del comportamiento digno de confianza de Roy Lewicki, por lo tanto, la confianza se va a construir en la medida en la que el donante cumpla con las necesidades directas, actúe de acuerdo con las motivaciones de los clientes, y demuestre el cuidado por las necesidades inicialmente no reconocidas por el cliente.

Cuando los actos del donante responden a un interés genuino por el bienestar de la otra parte, se establece un precedente de reciprocidad moral para toda la interacción futura, con la plena intención de tratar a los demás como nos gustaría ser tratados. Esta reciprocidad no se da en forma de donaciones o concesiones, sino en el trato con equidad y el objetivo del beneficio mutuo. Por ejemplo, volviendo al caso de los fenicios, podemos decir que su práctica era distinta al altruismo recíproco debido a la extraordinaria medida en que la equidad se da en el trato con los clientes, independientemente de la voluntad que éstos tuvieran de participar en la negociación con el mismo nivel de apertura.

CATEGORIZACIÓN DE TRADEABLES

Ya hemos visto cómo la ventana de Johari nos ayuda a categorizar las necesidades y su satisfacción. Ahora vamos a utilizar esa misma herramienta para otorgar categorías a los *Tradeables*.

El hecho de satisfacer las necesidades no expresadas de un cliente o contraparte, que también estaban ocultas para nosotros (cuadrante 3), o bien, que eran desconocidas por el cliente (cuadrantes 1 y 4), puede considerarse un *Tradeable*. El modelo de comunicación interpersonal tradicional sugiere que la eficacia de la comunicación puede mejorar si ampliamos el área Pública usando las habilidades de escucha activa y de dar y recibir retroalimentación de modo eficaz. Esto es cierto sólo si la información dada y recibida es adecuada, relevante y privilegiada. Sin embargo, cuando no hay un puente que conecte y cree confianza, pueden darse tres situaciones: 1) se renuncia a compartir, 2) hay exposición de necesidades superficiales y 3) se da un intercambio de desinformación deliberada.

Recurrir a los *Tradeables* en el área de **Servicio** conlleva a la satisfacción del cliente. Estas necesidades son tradicionales, estándar, obvias, naturales o rutinarias. De hecho, el reconocimiento mutuo de estas necesidades es lo que originalmente trae a ambas partes a la mesa. La satisfacción es la meta de la mayoría de las transacciones comerciales y las negociaciones. Sin embargo, si se pretende satisfacer una necesidad no comprendida en una primera interacción (es decir, antes de llegar a un acuerdo), no se considera un *Tradeable* sino simplemente un *trade-in* o *trade-off*. Por otra parte, satisfacer una necesidad en el área de Servicio antes de llegar a un acuerdo puede ser interpretado como un soborno. Después del acuerdo, sin embargo, estas necesidades son terreno fértil para generar más *Tradeables*, ya que crean apalancamiento para negociaciones futuras. Indirectamente, satisfacer las necesidades de servicio –por ejemplo, a través de una referencia– es un *Tradeable* en cualquier momento de la relación comercial. Un *Tradeable* en el área de Servicio nunca supera el nivel uno en la escala de López Quintás, pues se trata un simple intercambio de objetos. Por lo tanto, esta es la vía menos eficaz para generar *Tradeables*.

Si la necesidad no fue reconocida inicialmente por el cliente, pero se logra reconocer a través un proceso de revelación, exposición y validación, se generan sentimientos de gratitud, además de la satisfacción de la necesidad primaria. Por lo tanto, alcanzamos un nivel por encima de uno en la escala de López Quintás. Dado que el conocimiento de estas necesidades se generó mediante imperfecciones (percepciones, deducciones, inferencias, conjeturas o analogías), el proceso de validación es crucial. Hacer frente a una necesidad percibida es ineficaz si el cliente no la ve o no está plenamente convencido de que es una necesidad que requiere ser atendida. La validación transporta la necesidad de salir del área **Ciega** al área **Pública**, y con ello viene el agradecimiento. Si la necesidad de servicio era conocida por el cliente, pero éste no había reconocido que éramos capaces de satisfacer esa necesidad, un *Tradeable* en el la zona de **Benevolencia** provocará sentimientos de agradecimiento. Generalmente, todas las necesidades cubiertas en el área de la **Benevolencia** se califican como *Tradeables*, sin embargo, la gama de eficacia puede ser extendida. Nosotros asignamos un nivel dos en la escala de López Quintás a la satisfacción de necesidades en el área de la **Benevolencia** usando *Tradeables*.

Si el cliente tiene necesidades no reveladas o escondidas, pero a través de una relación de escucha activa quedan expuestas, puede ser considerado como una **Tutoría**. Estas necesidades pueden ser secretos, sueños, aspiraciones, metas e inseguridades. Satisfacer las necesidades más profundas del cliente sirve a un propósito más grande que el de los responsables del encuentro. Estas necesidades no se exponen en un principio debido a la falta de confianza o a los sentimientos de reserva, pues suelen ser rasgos profundamente personales y emocionales. La exposición de necesidades que no pueden ser satisfechas es un riesgo, por lo tanto, la formación y un buen sistema de referencias son de suma importancia. Los sentimientos generados por la satisfacción de necesidades que inicialmente estaba en el área **Oculta,** son mucho más fuertes que los de otras categorías. Al hacerlas visibles y moverlas al área **Pública**, el cliente que ha visto sus necesidades cumplidas se siente realizado y satisfecho. Todas las necesidades que se satisfacen inicialmente en la categoría de Tutoría deben calificarse como *Tradeables* y llevar el mayor apalancamiento mientras se gestionan los riesgos en la relación comercial. En la escala de López Quintás, asignamos un nivel de tres a la satisfacción de las necesidades del área de **Tutoría** usando *Tradeables*.

Si ninguna de las partes reconoce una necesidad, estamos hablando de misterios, falsas percepciones, perspectivas o interpretaciones erróneas. Encontrar y satisfacer estas necesidades implica un proceso de descubrimiento. Dado que las necesidades fueron inicialmente desconocidas y no reconocidas, el cliente con estas necesidades cubiertas se sentirá enriquecido y satisfecho. Dependiendo de la vía de reconocimiento, el cliente también puede sentirse realizado o agradecido. Los experimentos de *Tradeables* de los estudiantes de Guatemala que compartimos antes, nos permiten afirmar que quienes recibieron los *Tradeables* están plenamente complacidos y han notado un cambio de comportamiento tanto en el emisor como en el receptor. El nivel de significancia de la necesidad originaria en la zona **Desconocida** puede variar en cada caso. Las necesidades satisfechas en la zona de **Terapia** deben constituir *Tradeables*, sin embargo, esta categoría lleva la frecuencia más baja de éxito y la de mayor riesgo. Una vez más, la ayuda profesional puede ser requerida si las necesidades expuestas no pueden ser atendidas directamente. Aun así, le asignamos un nivel cuatro en la escala de López Quintás al cumplimiento exitoso de una necesidad en el área de **Terapia** utilizando *Tradeables*.

EJERCITAR LA PRUDENCIA

La capacidad de generar *Tradeables* está directamente relacionada con una persona prudente, ya que ésta escucha de manera activa formulando preguntas que exploran toda la gama de necesidades de la otra parte. Para el prudente, el objetivo último de la negociación surge al observar detenidamente el camino, al aprender que las bajadas y subidas son parte de la experiencia

vital. Ser conscientes de la concepción que tenemos de la historia, circular o lineal, también permite comprender qué sentido le estamos dando a ese camino.
Quien es prudente integra esta visión a sus investigaciones porque conoce la importancia y las consecuencias de cada concepción.

Como vimos anteriormente, en cuestión de relaciones humanas no hay nada "químicamente perfecto". Los avances y retrocesos, los éxitos y frustraciones, las subidas y bajadas de cada relación son un desafío para que encontremos equilibrio y trascendencia. Quien es prudente tiene la capacidad de distinguir o discernir (del latín *krineo*, separar) los elementos que vale la pena poner en nuestras relaciones para alcanzar la trascendencia. Una herramienta de discernimiento es, justamente, la categorización de *Tradeables*, pues ésta nos ayuda distinguir el interés inmediato y pragmático de una negociación viciada, y a separarlo de raíz para poder enfocarnos en el beneficio trascendente de la negociación, tanto para el actor como para el receptor.

El ejercicio de la prudencia es, en sí mismo, un gran desafío a nivel personal. Cuando el hombre deja de ser prudente, se siente superior a Dios y la falta de humildad lo ciega. Si recordamos lo que ocurrió con la Torre de Babel, veremos que el gran obstáculo para terminar su construcción fue la soberbia; creer que podemos hacerlo todo sin ayuda de otros nos desconecta de los demás, actuar sin la guía de un sentido trascendente nos hace perder el rumbo y entrar en caos. En cambio, el diálogo entre Abraham y Yahveh acerca de la salvación o destrucción de Sodoma y Gomorra es un buen ejemplo de cómo aplicar la prudencia sin perder el sentido de trascendencia.

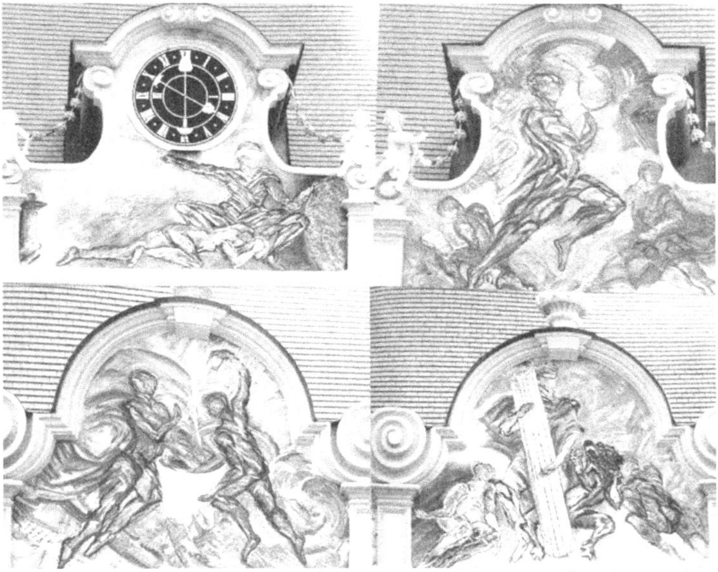

Discernir es saber tomar el mejor camino.
Frescos de P. Bischof (1988/90) las Cuatro Virtudes Cardinales en el Monasterio Melk de Austria.

Génesis 19
Abordóle Abraham y dijo: «¿Así que vas a borrar al justo con el malvado?
Tal vez haya cincuenta justos en la ciudad. ¿Es que vas a borrarlos, y no perdonarás a aquel lugar por los cincuenta justos que hubiere dentro?
Tú no puedes hacer tal cosa: dejar morir al justo con el malvado, y que corran parejas el uno con el otro. Tú no puedes. El juez de toda la tierra ¿va a fallar una injusticia?»
Dijo Yahveh: «Si encuentro en Sodoma a cincuenta justos en la ciudad perdonaré a todo el lugar por amor de aquéllos.

Replicó Abraham: «¡Mira que soy atrevido de interpelar a mi Señor, yo que soy polvo y ceniza!
Supón que los cincuenta justos fallen por cinco. ¿Destruirías por los cinco a toda la ciudad?» Dijo: «No la destruiré, si encuentro allí a 45.»
Insistió todavía: «Supón que se encuentran allí cuarenta.» Respondió: «Tampoco lo haría, en atención de esos cuarenta.»
Insistió: «No se enfade mi Señor si le digo: 'Tal vez se encuentren allí treinta'.» Respondió: «No lo haré si encuentro allí a esos treinta.»
Díjole. «¡Cuidado que soy atrevido de interpelar a mi Señor! ¿Y si se hallaren allí veinte?»
Respondió: Tampoco haría destrucción en gracia de los veinte.» Insistió: «Vaya, no se enfade mi Señor, que ya sólo hablaré esta vez: "¿Y si se encuentran allí diez?"» Dijo: «Tampoco haría destrucción, en gracia de los diez.»
Partió Yahveh así que hubo acabado de conversar con Abraham, y éste se volvió a su lugar.

Abraham, aunque parecía un "atrevido" por cuestionar al mismo Yavhé, en realidad está apelando a su bondad y su sabiduría infinitas, pidiéndole que en vez de recurrir a la destrucción, ejerza el discernimiento. Y es que al hablar de la prudencia no podemos dejar de pensar en el discernimiento. Es necesario discernir no sólo antes de actuar, sino también antes de formular un juicio que aspire a ser fundado. Si no separamos "justos de pecadores", daremos al traste con cualquier negociación, sea personal o empresarial. En otras palabras, no basta con tener principios claros, antes de formar un juicio hay que buscar fundamentos.

Las personas tendemos a reaccionar con base en nuestras costumbres, experiencias y sistema de creencias. A partir de ellas nos comportamos e inferimos que todos actúan de la misma manera en una situación específica dentro de la misma cultura. Al acto de reaccionar y decidir según nuestras inferencias se le denomina "escalera de inferencias". Se da cuando dos personas se ponen a inferir y adoptan una posición de incomprensión, un ciclo que no se rompe a menos que hagan a un lado sus inferencias y establezcan conexión y diálogo. Más que una escalera, yo le llamaría un elevador de inferencias, ya que a cada momento tendemos a inferir múltiples cosas sobre las acciones y situaciones de otros. Aclaro que inferir no es malo, pero tomar acciones con base en una inferencia y sin fundamento alguno, es perjudicial. Si fuera inevitable, lo mejor es inferir múltiples posibilidades, preguntarle al otro para indagar cuáles son sus necesidades, y luego verificar y proponer. Así podríamos llegar a mejores acuerdos.

Dos personas que se suben rápidamente a la escalera de inferencias y se anclan en su postura sin entenderse mutuamente, dejan mucho valor en la mesa de negociación.

PREGUNTAR ANTES DE REACCIONAR

En una ocasión viajaba de Houston a México y sólo llevaba conmigo una maleta cuyo tamaño cumplía con las medidas indicadas por las aerolíneas para el equipaje de mano, por lo que cabía perfectamente en la cabina del avión más pequeño en el que viajo, al menos, tres veces al mes. Fui el primero en entrar al avión y al poner mi maleta en el compartimento superior, el sobrecargo me gritó "¡Nooo!", con un desprecio visible.

- Perdón, ¿cuál es el problema? –pregunté en inglés.
- No debe subir esa maleta ahí.
- Ésta no es la primera vez que subo una maleta a la cabina, ¿cambió la regulación de equipajes? ¿Cuando? ¿Me lo puede explicar, por favor?

Era ilógica la manera en que se estaba comportando el tripulante, sin embargo, no quise entrar en detalles y empecé a vaciar mi maleta, que contenía todos los aparatos electrónicos de mi viaje y mi ordenador, para entregársela al sobrecargo. Cuando se retiró con mi maleta, le llamé a mi esposa Marcela y le comenté en español: "No puedo creer que no pueda subir la maleta al compartimento del avión, es del tamaño requerido y además cabe perfectamente. Le voy a hacer una foto para mandarla a la aerolínea y exigir una explicación al regreso del viaje." En ese momento, el sobrecargo regresó "como ánima en pena" –como decimos en México–, es decir, a toda velocidad, y me comenzó a gritar en español: "A usted lo puedo bajar del avión si quiero, a mí no me hace ninguna foto. Le puedo demandar. Además, ésto no es México, señor". Yo lo había ignorado momentáneamente, pero cuando dijo "Ésto no es México", me dio una rabia que intenté justificar y decidí, en lugar de atacar, hacerle preguntas para aclarar la situación. El avión ya estaba casi lleno, al lado mío se habían sentado dos tripulantes que iban de vacaciones a México y la mayor parte de los pasajeros eran mexicanos. Yo estaba en la primera fila del avión y empecé a hablar, en inglés y en voz alta, volviéndome hacia atrás para conectarme con el grupo y que todos me entendieran: "Usted me dice que esto no es México. ¿A qué se refiere? ¿Me lo puede explicar? Además, usted trabaja para la compañía aérea norteamericana que más vuelos y negocios tiene en México, ¿no es así? ¿A dónde vamos ahora? A México, ¿no? ¿Qué quiere decir con que esto no es México? ¿Usted sabe que también soy ciudadano norteamericano? Y ¿por qué me amenazó con que me bajaría del avión? Yo viajo más de 100 mil millas por año y nunca me había sucedido algo similar. ¿Me lo puede explicar? Y quisiera saber su nombre." En ese momento, me entregó la maleta y me dijo que como ya se había cerrado el vuelo, mi maleta se quedaría en el avión y no se bajaría; el único detalle era que no la podía subir en el compartimento. No me dio su nombre; de hecho, lo escondió. En el vuelo venía una pareja de mexicanos que yo no conocía, el marido se volvió y me dijo: "Súbalo ahí, no se preocupe". Le conté que aquel tipo me había tratado súper mal y que yo no debería dejar las cosas así.

Como el tripulante había inferido rápidamente que yo le iba a tomar una foto a él, no a la maleta, su reacción fue amenazar con bajarme del avión. Yo, en lugar de inferir y para no empeorar la situación, quise hacer preguntas con el fin de llegar a un acuerdo. Llegamos a México y me quedé con las ganas de preguntarle a otros pasajeros qué les había parecido mi comportamiento, para poder estudiarlo y mejorarlo. Al día siguiente, una vez en el evento al que había sido invitado como conferencista principal, fui a donde estaban el secretario de educación del estado y las autoridades de la universidad. Antes de que empezara mi charla, escuché que estaban esperando a un tal Pancho para poder dar inicio al programa de actividades. Finalmente llegó Pancho, el presidente del consejo de la organización, y se me acercó para invitarme a iniciar. Para sorpresa de ambos, Pancho era la persona que iba detrás de mí en el avión, el mismo que me había dicho que no me preocupara y que subiera mi maleta. Cuando nos vimos en el evento, nos hicimos rápidamente amigos y después de mi charla, durante el vino de honor, me dijo sin que yo le preguntara: "¡Qué bárbaro!, ya entiendo por qué eres el experto en negociación, te manejaste muy bien en el avión."

De este ejemplo podemos obtener varios aprendizajes. Primero, el tripulante infirió que yo le iba a hacer una foto y actuó de acuerdo con esta inferencia. Yo en ningún momento quise hacer inferencia alguna sobre lo que podría haber significado su advertencia "Esto no es México". El inferir un solo significado es limitante, de haberlo hecho, me hubiese puesto rápidamente en un extremo y al sobrecargo en el otro, hubiéramos chocado y pasado un mal rato. En una negociación, inferir y actuar con base en esa inferencia puede llevarnos al no acuerdo y, aún peor, a posicionarnos en extremos que pueden ser polarizados. Otra lección aprendida es que todos estamos interrelacionados. Mi mal comportamiento hacia el tripulante podría haber afectado mis acciones futuras y viceversa. Si, por ejemplo, yo hubiese optado por competir y atacar de manera prepotente al sobrecargo, podría haber creado desconfianza en mis capacidades negociadoras con Pancho al enterarse de que yo era el conferencista especializado en manejo de conflicto y negociación.

Cada vez que salgo de viaje de negocios, llevo mi porta trajes como parte de equipaje de mano en el avión. Lo primero que hago a entrar al avión, ya casi un hábito, es preguntar si pueden colgar mi porta trajes en el closet de la cabina. Un día, al subir las escaleras del avión, me di cuenta de que un tripulante me hace la señal de NO con su lenguaje corporal. ¿Por qué me estaba diciendo que no? Quizás tiene un tic o un problema, inferí. Mientras terminaba de subir las escaleras, seguí reflexionando y me convencí a mí mismo de que el NO del tripulante no estaba dirigido a mí, que ni siquiera había abierto la boca. Mi primer acercamiento hacia el tripulante no fue pedirle que colgar mi porta trajes por favor, sino preguntarle: "¿Todo bien, angustiado?".

– Pues sí, la verdad –respondió el sobrecargo–, acabo de llegar de un vuelo y ahora me piden que cubra este turno.

– No se preocupe –le dije–, será un buen vuelo y nos divertiremos.
– Le puedo ayudar con su porta trajes –me preguntó tranquilo.
– Muy amable –sonreí–, muchas gracias.

¿Cuál es la moraleja? Cuando evitamos hacer juicios a partir de inferencias, podemos entender más a la otra parte. Si por un momento dejamos de ser egoístas pensando sólo en nuestra necesidad y satisfacemos la del otro, simplemente preguntando si todo está bien, llegamos a soluciones de negociación más robustas para ambas partes. Consideramos que inferir no es malo, más bien hay que hacer varias inferencias y preguntar antes de hacer juicios, así mantenemos abierto el camino del acuerdo y evitamos crear barreras hacia dicho fin.

Hoy se premia mucho la llamada "rapidez de acción"; tiene éxito quien más rápido logra el objetivo, pero a menudo se nos muestra que lo que se gana hoy puede perderse mañana. La buena noticia es que podemos combinar ambas velocidades, ser lentos al discernir y ágiles al actuar. En el discernimiento conviene tomarse todo el tiempo necesario, pero la ejecución de la acción previamente discernida debe ser rápida.

PRUDENCIA E IMPRUDENCIA

Los términos prudencia y discernimiento son conceptos muy cercanos. La palabra discernir sugiere por sí misma el hecho de explorar dos o más posibilidades y ver con claridad la opción mas acertada. Toda persona se halla en condiciones de discernir, de descubrir consciente y libremente las alternativas para tomar una buena decisión. ¿Qué elementos serían suficientes para elegir bien? Santo Tomás de Aquino diría: "Para lograr una buena decisión, se requiere la prudencia". Una de las condiciones irrenunciables de todo ser humano es la elección, por eso es tarea de todos ejercitar la prudencia.

Lo propio de una persona consciente, responsable y libre, capaz de enfrentarse de manera lúcida a la realidad, es el discernimiento prudencial. La negociación no puede convertirse en un acto imprudente, reactivo o impulsivo, que responda al instinto ciego o que ceda ante la presión que ejercen las pasiones o el ejercicio de poder. Pero hasta un rey sabio como el rey Salomón puede fallar al momento de hacer un uso eficaz de los *Tradeables*. Cuentan las escrituras hebreas que el rey Salomón envió un presente no solicitado al rey fenicio Hiram para demostrar su placer tras veinte años de colaborar en la construcción del templo y del palacio. El obsequio consistió en veinte ciudades alrededor de Galilea. Cuando el rey Hiram fue a inspeccionar su regalo, no pareció tan complacido y le preguntó a Salomón: "Qué clase de pueblos me has dado, hermano mío". Aunque la misiva era un reporte negativo, al llamarlo "hermano mío" en la misma oración, el rey Hiram enfocó la crítica en el obsequio y no en la relación en sí. Como dicen los estudiosos de Harvard, hay que separar al problema de la persona; ser duro con el problema y suave con la persona. No tenemos un seguimiento de la disposición de esos pueblos, que sabemos que no gozaban de ningún brillo particular. Lo que sí queda claro, por la respuesta del rey Hiram, es que el uso del rey Salomón de los *Tradeables* no fue muy efectivo.

El uso eficaz de *Tradeables* implica usar la prudencia y el discernimiento para conocer aquellas necesidades del cliente que no estén relacionadas con el asunto de los negocios. Esos pueblos aparentemente no satisfacían ninguna necesidad, oculta o expuesta, del rey Hiram – una lección para todos aquellos ansiosos de practicar *Tradeables* en negociaciones más robustas–. Un negociador responsable que ha superado la etapa de los instintos, practica el discernimiento como una actividad reflexiva de tiempo completo, porque ésta le permite identificar los problemas durante el proceso de negociación y transformarlos en oportunidades, siempre en sintonía con la verdad y la justicia.

Otra forma de alimentar la prudencia es saber reconocer cuando estamos siendo imprudentes. Para ello, la historia de los cuatro caballos y el león resulta muy ilustrativa. Había una vez cuatro caballos tan poderosos y unidos que no existía fuerza o energía en el universo que pudiera deshacer la unión entre los cuatro caballos.

Un día los cuatro caballos recibieron la visita de un león. El león empezó a susurrar al oído de cada caballo que uno era mejor que el otro. Además de ser más inteligente y superior a los otros. Los caballos seguían tan unidos que el león no podía vencerlos, hasta que tuvo una idea: le dijo a un caballo que los otros dos habían robado de su sembradío.

Jarrón inusual coronado por cuatro caballos
Museo de Arte Cicládico, Atenas, Grecia.

Así, metiendo cizaña tras cizaña, año tras año, llegó el día en que los caballos fueron destruidos por la envidia, el odio, el rencor, el coraje y el ego, hasta que se desvanecieron y estuvieron a punto de la extinción.

¿Quiénes son los cuatro caballos? La empresa, los empleados, las familias, la comunidad. ¿Quién es el león? Es todo aquello que nos aleja del sentido trascendental de una negociación y que nos hace conducirnos de forma imprudente. No hay que olvidar que el objetivo de una negociación, independientemente del ámbito del que se trate, se va logrando en el propio proceso. No podemos plantearnos el éxito únicamente como el final del camino, es el itinerario mismo el que nos conduce a la consumación del trato. Esto requiere constancia, regularidad, mantener viva una verdadera tensión, conscientes de que casi siempre avanzaremos en espiral, que se darán avances y retrocesos y no necesariamente una progresión lineal. Pero en el conjunto avanzamos persiguiendo un fin que va más allá de lo que nosotros proveemos cuando nos ponemos en marcha.Se puede ser imprudente por ser inconstante. Ésta es una de las enfermedades de nuestra sociedad; la ansiedad por obtener resultados inmediatos impide muy a menudo que una negociación cristalice en un acuerdo firme. No hay que olvidar que el objetivo de una negociación, independientemente del ámbito del que se trate, se va logrando en el propio proceso. No podemos plantearnos el éxito únicamente como el final del camino, es el itinerario mismo el que nos conduce a la consumación del trato.

Hemos de ser muy autocríticos en nuestro interactuar, ya que hay un tipo de prudencia que podemos considerar como nociva por tratarse de una falsa virtud. Los antiguos la denominaban *astutia* y consiste en una especie de simulación que la persona incorpora en su comportamiento cuando no se siente atraído más que por el valor de lo táctico o estratégico de las negociaciones.

Esta actitud es el caldo de cultivo para la desconfianza y la intriga, cánceres de toda relación. Frente a la *astutia*, la categorización de los *Tradeables* es un buen antídoto, ya que nos permiten reconocer desde el primer encuentro las inercias nocivas.

Cabeza de león, cultura fenicia, siglos V y IV a.C., San Antioco, Sardinia. Museo de escultura antigua Giovanni Barrocco.

Es verdad que se puede llegar a un fin recto por caminos falsos y torcidos. ¡Cuántas veces sucede esto en el "arte de negociar"!, pero ¡cuánta energía se desaprovecha en el camino y cuánta desconfianza y sospecha se engendran! El sentido propio de lo prudente es que no sólo el fin esté alineado a la verdad, sino también el itinerario que conduce a él.

Es preciso que reconozcamos las pseudo prudencias: aunque nos permiten pasarnos de listos, nacen de la avaricia o *pleonetia*, termino griego que refiere a la insaciabilidad por poseer y acumular que va generando una frustración cada vez mayor. Los intereses egoístas deben silenciarse en cualquier proceso de negociación. La falta de autenticidad y transparencia, los escondrijos, el ardid y la deslealtad contaminan la relación, nos convierten en mezquinos. "Querer a un hijo, dice un refrán español, no consiste en obligarle a vivir con nuestras verdades, sino ayudarle a que pueda vivir sin nuestras mentiras." Cuando nos dejamos conducir por comportamientos negativos, caemos en una especie de narcisismo porque no hacemos más que contemplarnos a nosotros mismos ignorando la verdad de las cosas reales. Quien actúa en función de ambiciones e intereses egoístas no puede ser ni justo, ni valeroso, ni moderado, y mucho menos prudente.

En algunos países (no sólo en América Latina, sino también del viejo continente) se cuestiona la credibilidad de la clase política. El motivo es claro: al caer en un egoísmo de cotas escandalosas en algunos casos, están traicionando los compromisos adquiridos con los ciudadanos que los eligieron. En teoría, sus intereses personales deberían neutralizarse en orden a la consecución del bien público. Y lo primero que tendríamos que exigir a un político es que practicara la virtud de la justicia y no la falsa virtud de la astucia.

Todo esto nos lleva a rescatar otro de los conceptos clave y fundamentales en nuestra reflexión. La prudencia, esencialmente ordenada a los medios y no a los fines, presupone la ley moral que la cultura ha impreso en nosotros desde la cosmovisión judeocristiana. Una de las fuentes de dicha ley está en los Diez mandamientos; bastaría con apegarse a ellos para conducirse con prudencia y dar trascendencia a una negociación. Y es que las negociaciones no son manipulaciones que se puedan determinar de antemano, de hecho, pueden ser consideradas como acciones morales que llevan al sujeto a la realización de sí mismo. Cuánto más moral sea una acción, cuánto más "recto" sea un proceso de negociación, más sentirá la persona su propia realización, independientemente del punto de llegada. Como dice el poeta Paul Claudet: la prudencia "es la paciente luz que nos alumbra no en el futuro, sino en lo inmediato".

Educarnos en el arte de la prudencia es poner en práctica la valoración objetiva de la situación concreta en la que tiene lugar una acción, así como la facultad de transformar este concepto de la realidad en una decisión personal.

La paciente luz que nos alumbra. Puerto Vallarta, México

EJERCICIO DE REFLEXIÓN

¿QUÉ TAN PRUDENTE ERES?

1. ¿Eres interiormente libre?
2. ¿Eres capaz de identificar las fuerzas dominantes de la voluntad?
3. ¿Eres capaz de reconocer el momento propicio para una negociación?
4. ¿Estás atento a las resonancias? (¿Sabes qué ideas y acciones están en armonía contigo?)
5. ¿Tienes claro el sentido de lo que haces y hacia dónde te diriges?
6. ¿Eres capaz de ver el principio, medio y fin de una negociación, reconoces las fases del proceso?
7. ¿Eres consciente de tus inconsistencias o debilidades a nivel de pensamiento, afectividad y voluntad en la negociación y las de la contraparte?
8. Además de examinar el resultado final, ¿sabes cuándo los frutos de una negociación son trascendentes para ti y para la otra parte?
9. ¿Sabes identificar el hilo conductor del proceso de negociación en su conjunto y la coherencia interna del proceso?
10. ¿Confrontas el resultado y el proceso de una negociación con la ética o marco normativo pertinente?

% de Prudencia = Número de respuestas SI/10*100 =______%

CAPÍTULO III

LA JUSTICIA

Para quienes no creen en una entidad trascendente, la justicia es relativa; para los que sí, la justicia es absoluta.
Museo Vaticano.
Foto: Habib Chamoun-Farah.

¿QUÉ ENTENDEMOS POR JUSTICIA?

Hay un dilema con el que todo ser humano se enfrenta al menos una vez en la vida: ser justo o injusto. Para quienes no creen en una entidad trascendente, la justicia es relativa; para los que sí, la justicia es absoluta. A fin de cuentas, esta situación es como el dilema del negociador. ¿Colaboro o compito? ¿Soy justo o injusto?

En México hay dos ciudades en la misma bahía, Puerto Vallarta y Nuevo Vallarta, cada una en dos diferentes estados de la federación, Jalisco y Nayarit respectivamente. El dilema al que se enfrentan los hoteleros de ambas ciudades es si compiten o si colaboran. En un proyecto que realizamos con el apoyo del periódico *Vallarta Opina*, liderado por Don Luis Reyes Brambila, desarrollamos un ejercicio de teoría de juego con los diferentes *stakeholders* (los actores interesados) de ambas ciudades, autoridades, hoteleros, líderes de opinión, etcétera. El juego puso de manifiesto el dilema de competir para atraer turistas o colaborar para generar ganancias que se quedaran en la zona y utilizar los recursos de la federación para promoverse como un solo destino en lugar de dos, cuestión que confundía al turista y lo disuadía de visitar ambos. Después del ejercicio, los interesados comenzaron a promover la zona como un único destino con dos opciones. Siguen compitiendo para que ambos sitios suban los estándares y mejoren la calidad del servicio, pero ahora colaboran para que el dinero no se quede en la mesa. Este ejercicio nos recuerda que, vecinos o no, estamos interrelacionados de muchas formas, por lo que podríamos tener más intereses comunes de los que imaginamos. Si dejamos por un momento el interés propio, lograremos más beneficios a la larga.

La anécdota anterior nos introduce a lo que entendemos por justicia en el marco de una negociación trascendental. Los autores clásicos definen a la justicia como la virtud moral que consiste en la constante y firme voluntad de dar a Dios –como en la época de los fenicios– y al prójimo lo que les es debido. La justicia en la negociación implica respetar los derechos de cada una de las partes. Porque un proceso de negociación se vicia cuando no se respetan los derechos de alguno de los actores o cuando no se establece un tipo de relación humana que garantice la armonía o que promueva la equidad, el respeto o el bien común –es el tipo de relación que se da cuando involucramos los *Tradeables*–. La rectitud habitual de los pensamientos y la conducta en relación al prójimo son fundamentales, ya que el proceso de negociación se contamina si actuamos según las inferencias. Comportarse bajo la inercia de los prejuicios puede arruinar la consecución exitosa de una negociación.

La justicia como virtud humana reside en última instancia en una fuerza motivacional interior, y no tanto en una voluntad de poder. Esto quiere decir que la verdadera negociación, para que sea justa, no necesita tanto de la *potestas* (poder) como de la *autoritas* (autoridad). El filósofo Giovanni Sartori señala que quienes tienen autoridad, están en posición de hacer cumplir, confirmar o sancionar una línea de acción o de pensamiento. No es lo mismo el poder que la autoridad; yo puedo tener más poder en una negociación en virtud de mi capacidad económica, pero no tener autoridad por carecer de principios morales. Lo que me hace justo en la negociación no es tener poder sino sobre todo no carecer de autoridad. Por otro lado, la justicia necesita también de la generosidad en la negociación –como lo demuestra el uso de Tradeables–, es decir que no se consigue una negociación del todo justa con la mera restitución (un intercambio de regateo), sino que la justicia pide a gritos un plus de entrega más allá del ganar-ganar. Ese extra forma parte de la generosidad que el cristianismo fundó en la cultura occidental y que sigue siendo una referencia de desarrollo. La sangre de los mártires fue la semilla de una nueva civilización, así como la abnegación de los monjes benedictinos que a través de la cultura, las artes y la religión (*Tradeables*) se extendieron por Europa, superando injusticias que provenían de modelos paganos alejados de la cosmovisión judeo-cristiana.

Otro aspecto que rescataremos de la justicia es la necesidad de integrar una gran dosis de comprensión; es importante ponerse en los zapatos del otro para comprender mejor su situación. En una negociación, la empatía (del griego *pathos, em pathia*, sufrir con) se da en la medida en la que el otro se siente comprendido en su necesidad. Un grado óptimo de comprensión supone no quedarse únicamente en el nivel de lo intelectivo, sino atender a la dimensión afectiva, es decir, los mecanismos operativos de la afectividad que amplían o reducen el campo de la comprensión. Un padre y una madre comprenden al hijo porque lo quieren, y no tanto lo quieren porque lo comprenden. En una negociación, la otra parte no es indiferente. Con esto no decimos que haya que quererlo, pero si el conocimiento se fundamenta sobre un vínculo que no sea puramente racional sino también afectivo y volitivo, cuanta mas empatía haya, mas sólida será la relación que subyace en un proceso de negociación. Esto es precisamente el efecto de los *Tradeables.*

Una variante de la justicia es la llamada justicia social. No hay que olvidar que el desarrollo de las actividades económicas está destinado a satisfacer las necesidades de los seres humanos, es decir, que la vida económica no tiende solamente a multiplicar la producción o aumentar el poder, sino que está al servicio de las personas y de la comunidad. Cuando hablamos de justicia social estamos hablando de derechos, como el derecho fundamental del trabajo. Porque la persona desarrolla en el trabajo una parte de las capacidades inscritas en su propia naturaleza. Como dice el libro de Tesalonicenses: "Si alguno no quiere trabajar, que no coma". El trabajo es para el hombre y no el hombre para el trabajo. Esto es una aplicación de la virtud de la justicia. Análogamente, podemos decir que la negociación es para el hombre y no el hombre para la negociación.

La vida económica empresarial se ve muy a menudo afectada por intereses diversos, con frecuencia opuestos entre sí, a partir de los cuales se explica el conflicto social. Por eso es necesario esforzarse en reducir este conflicto mediante la negociación, de tal modo que se respeten los derechos y los deberes de cada parte: los responsables, los empresarios y los representantes de los trabajadores y los poderes públicos.

El tema de la justicia social supone superar vacíos institucionales, jurídicos y políticos, y al mismo tiempo asegurar la libertad individual, el derecho a la propiedad privada, un sistema monetario estable y un servicio público eficiente. La justicia social insta al Estado a vigilar y encausar el ejercicio de los derechos humanos en el sector económico, sin olvidar que la primera responsabilidad no es del Estado sino de cada persona, grupo y asociación en que se articula la sociedad. A esto se denomina "principio de subsidiaridad", y es aquél por el cual uno asume las responsabilidades que no tiene por qué asumir el Estado.

En el contexto de la justicia social es imposible dejar de lado la solidaridad. No se puede dar una negociación justa sobre un plano de desigualdad de los recursos y medios económicos. Porque la desigualdad de los recursos y de los medios económicos genera un abismo, es una relación asimétrica que nos hace caer fácilmente en la ley del más fuerte sobre el más débil. Por ejemplo, dos jugadores de golf: uno tiene el equipo anticuado y otro el de última generación; por más bueno que sea el primer jugador, pierde por efectividad, falta de recursos y tecnología.

El equipo y la tecnología apoyan a llegar a una negociación con mayor eficiencia, como en el caso de los jugadores de golf.
Foto: Habib Chamoun-Farah.

En las civilizaciones antiguas, los medios para realizar la guerra no eran tan asimétricos, eso no significa que alguna de las partes fuese más potente. Si algún ejército se imponía era por una cuestión de estrategia, y no tanto de recursos. El buen negociador no es el que maneja mayores recursos económicos, sino mejores destrezas de negociación o estrategias operativas. Si la negociación es asimétrica e injusta, un buen negociador preferirá no entrar al juego. Por ejemplo, los jugadores en el póker tienen el mismo número de cartas, lo que hace que, al menos por principio, el juego es equitativo y justo. Por lo tanto, es un deber de justicia que trabajemos para ir logrando una igualdad de condiciones.

LA INJUSTICIA

La corrupción de la justicia tiene dos causas, según Santo Tomás de Aquino; "la falsa prudencia del sabio y la videncia del poderoso". Ejemplo de falsa prudencia es el caso de las tierras que le dio el rey Salomón al rey Hiram de Fenicia; de la segunda, el caso de Sansón. Nos interesa trabajar con este pensamiento de Santo Tomás porque tiene un alcance casi profético en nuestras sociedades, donde algunos esconden "bajo la capa del bien" la agresividad del violento y la transgresión de la ley moral, como el "tiburón" que se alimenta de ganar-ganar-ganar a costa de lo que sea. Tanto la vulnerabilidad como la incompetencia del ser humano quedan al descubierto en algo tan profano y a la vez tan moral como la negociación. De ahí que tengamos que hacer de la justicia un *habitus* (una voluntad constante que no acepta alternancia en su desarrollo) para dar a cada cual su derecho.

Una persona que roba a otra en vez de darle lo que le debe, se vulnera y se desfigura a sí misma. Es ella la que pierde y se autodestruye. En cualquier negociación, la mentira, el robo, la extorsión, entre otras conductas que despersonalizan al sujeto, son piedras que tarde o temprano caen sobre el propio tejado. A la larga, es peor el mal que experimenta el infractor –aunque no se haga evidente en su estado de ánimo– que el daño que sufre la víctima. Dice Platón en el diálogo de Gorgias que "el colmo de la ignominia no está en ser abofeteado, ni tampoco en correr en manos de un bandolero o asesino

(...) Cometer una injusticia sobre mi persona le reporta más perjuicio al responsable del acto que a mí mismo, a pesar de ser su víctima". Así, aunque sea más traumático, a veces es mejor estar del lado del que sufre el robo y la extorsión del "tiburón", que disolverse como sujeto por ser incapaz de negociar humanamente.

Y aquí volvemos a nuestro primer pilar: la prudencia. Lo que caracteriza a la justicia respecto a la prudencia, es que la primera tiene como tarea generar orden al "yo" en todo aquello que tiene relación con un "tú". La prudencia, sin embargo, se dedica a perfeccionar al "yo" aconsejándole lo que le conviene. Al integrar estas dos virtudes, vemos por qué es tan importante tomar en serio al otro en la negociación, reconocerlo en su integridad como persona y no como un mero instrumento que se utiliza o un competidor a quien he de aniquilar o vencer. La justicia muestra que el otro es alguien que no soy yo, pero que, al igual que yo, tiene derecho a lo suyo. Una persona es justa en la medida en la cuál reconoce la alteridad del otro y procura darle lo que le corresponde. Eso es actuar como se debe. Ahora bien, dentro del deber hay una jerarquización o gradualidad de diferencias. Por ejemplo, si en el marco de un trato mercantil yo me he comprometido con alguien en un precio de compra, debo cumplir con lo acordado de manera estricta; de nada sirve que yo lo invite a comer por un acto de gentileza si no voy a cumplir con el acuerdo. Estoy obligado con más rigor a no engañar a esa persona que a invitarle a cenar al mejor restaurante.

Yendo más lejos aún, podemos afirmar que el otro no es alcanzado ni tocado por lo que yo opine, piense, sienta o quiera de él, sino por lo que yo haga y cómo lo haga. El trato con el otro tiene que trascender mis apreciaciones subjetivas o de mi estado anímico. En una negociación, sólo a través de las acciones se logra restituir o dar al otro lo que es suyo.

Uno puede llegar a cometer un acto de injusticia sin ser por esto injusto. Frecuentemente en la negociación se cometen injusticias en lo formal y en lo material, y eso no nos convierte directamente en seres injustos. Tomemos el ejemplo de un hombre que tiene una empresa cuya tecnología ya es obsoleta. Él quiere actuar con justicia y mantener el negocio a flote para que sus trabajadores no caigan en el desempleo. Por otra parte, otro hombre quiere comprar esa empresa para renovarla, pero ello implicaría despedir a la planta de trabajadores. En lo inmediato, el empresario estaría actuando con justicia y el comprador estaría cometiendo una injusticia. Si miramos a largo plazo, los trabajadores se quedarían estancados durante más tiempo, probablemente perderían la oportunidad de conseguir un empleo donde puedan capacitarlos y el dueño no tendría la posibilidad de recoger el fruto de años de esfuerzo. Vender la empresa no resulta tan injusto cuando vamos más allá de lo inmediato. Podríamos razonarlo a la inversa: no se necesita ser primero justo para poder hacer "lo justo". Es una realidad paradójica. La generación de un acto justo es exigido por el sólo hecho de que hay que realizarlo conforme al orden del derecho, y no tanto porque la realización de ese algo tenga que proceder del acto de justicia.

Es por esta razón que el respeto al marco normativo en el que se desarrolla una negociación es tan importante y decisivo. Me puedo encontrar con personas con muchas carencias en lo que se refiere al hábito de la justicia, pero que realizan actos justos gracias a una serie de reglas que han de respetarse siempre, como el caso de injustos que han sido salvados por la justicia. Un caso emblemático es el pueblo bíblico de Israel, que se salvó y entró a la tierra prometida por respetar un código. Quienes se fueron detrás de los ídolos, no se salvaron.

LA JUSTICIA A GRAN ESCALA

> *En cambio, las almas de los justos están en las manos de Dios y no les alcanzará tormento alguno. A los ojos de los insensatos pareció que habían muerto; se tuvo por quebranto su salida, y su partida de entre nosotros por completa destrucción; pero ellos están en la paz. Aunque, a juicio de los hombres, hayan sufrido castigos, su esperanza estaba llena de inmortalidad; por una corta corrección recibirán largos beneficios, pues Dios los sometió a prueba y los halló dignos de sí; como oro en el crisol los probó y como holocausto los aceptó. El día de su visita resplandecerán, y como chispas en rastrojo correrán.*
>
> **Sabiduría 3 (v 1-7)**

Una vez fui invitado como conferenciante por un empresario mexicano que vive en el sur de México. Desde que lo conocí, cambió mi percepción del típico empresario mexicano cuyo interés propio es más importante que el interés común. Su negocio es una serie de panaderías accesibles a las grandes masas en las paradas de los autobuses, y su mercado es la gente más humilde de la región. Me impactó la calidad humana y sinceridad de este hombre. Desde entonces, pregunto a los participantes de mis cursos cuántos de ellos conocen empresarios de este tipo, pequeños o medianos. Todos levantan la mano. Luego, cuando pregunto: ¿cuántos de esos empresarios que conocen, becan a los hijos de sus empleados en las universidades mas prestigiosas del país si sacan buenas calificaciones? Sólo uno de 50 participantes levanta la mano. Finalmente, les pregunto cuántos de esos empresarios, si se enteran de que los hijos de los empleados se han metido en pandillas, personalmente tratan de sacarles del mal camino. Nadie responde. He hecho esta pregunta a más de dos mil jóvenes afortunados, la mayoría hijos de empresarios, y la situación se repite. Es por esta razón que el empresario sureño es único: se atreve a arriesgar por otros, es sincero consigo y con los demás.

Tengo la fortuna de conocer a una decena de empresarios mexicanos que siguen esos pasos, y creo que debe de haber muchos más, pero son "invisibles a los ojos". Gracias a estos empresarios interesados en el bien común por encima del bien propio, México y el mundo siguen adelante. Sin embargo, estos empresarios no hacen mucho ruido, y lo que venden los medios de comunicación es el ruido. El libro del Eclesiástico tiene una gran enseñanza al respecto: "*Conservad la instrucción en paz, hijos. Sabiduría escondida y tesoro invisible, ¿qué provecho hay en ambos? Más vale hombre que oculta su necedad, que hombre que oculta su sabiduría."* (Eclesiástico 41, 14-15) Reflexionemos: qué tipo de empresario o persona queremos ser, los que hacen ruido o los que dejan una marca positiva en su vida y en la vida de los demás. Es nuestra elección ser o no ser socialmente responsables.

Cuando uno actúa justamente, está favoreciendo la eficacia del bien. Por su propia naturaleza, el bien pide operar hacia fuera, comunicarse, irradiar. Por ejemplo, los fenicios inventaron el alfabeto para comunicarse mejor con los suyos, pero también lo compartieron con otros pueblos. Lo más inteligente es usar la propia bondad no sólo para uno mismo, sino para los demás. Análogamente a lo que ocurre con la maldad, la manera más torpe de ser malo consiste en dejar que la propia mezquindad extienda sus efectos no sólo sobre uno mismo, sino también sobre los amigos. Tal como señala Santo Tomás, la justicia reside en la parte más noble del alma, ésta alcanza su verdadera riqueza no sólo cuando se ve la verdad, sino cuando se convierte en acción. Así, cuanto más eficaz es un bien, tanto más y más lejos irradia su bondad.

¿Qué es lo que hace que un determinado Estado sea más justo que otro? ¿Por qué las grandes multinacionales desconfían de aquellos Estados en donde el nivel de corrupción rebasa los límites de una sociedad que se precia de llamarse democrática? Hay justicia en un Estado cuando en la conciencia de todos está claro que la efecto último de un delito no estriba tanto en las pérdidas que acarrea la transgresión, como en la amenaza contra el orden y la alteración de la convivencia.

Para entender cómo funciona este sistema a mayor escala, consideremos tres relaciones fundamentales que comportan tres formas de justicia:

1. La justicia conmutativa, que es la que articula la relación entre los individuos.
2. La justicia distributiva, que articula la relación entre la comunidad y los individuos que forman parte de ella.
3. La justicia legal o general, que regula y articula la relación de los individuos para con el todo social.

La salud de un país, en términos de justicia, se mide con base en estos tres parámetros. Cuando no se dan esas relaciones fundamentales, no hay esperanza. El doctor en Teología Félix Palazzi[6] dice que la esperanza, más que un estado de ánimo o la proyección de nuestros buenos deseos, es el motor de la justicia:

> *La esperanza nos motiva a buscar y a construir la justicia, esa justicia que, evidentemente, no es directamente equiparable a nuestro sistema jurídico, es decir, la justicia tiene su expresión en un código jurídico y en sus instituciones, pero es mucho más que su expresión legal, porque realmente su finalidad es proteger la diferencia y garantizar que ésta exista. Es por ello que sólo la esperanza crea justicia y en la injusticia se crece nuestra esperanza, pues la esperanza se fortalece cuando acoge la espera del otro. La esperanza nos mueve a la participación y transformación de la realidad.*

[6] http://www.teologiahoy.com/esperanza-y-justicia/

Muchas personas creen que es utópico el deseo de que puedan darse estructuras políticas justas, especialmente en algunos países de América Latina, al este de Europa, Asia o África. Pero el avance de la historia se debe a las grandes utopías. ¿Negociar con ética y valores es utópico? Creemos que no. De hecho, establecer relaciones sobre bases justas nos devuelve la esperanza. Pero hoy más que nunca tenemos que afrontar el desafío de la educación, formar personas éticas que se conviertan en negociadores trascendentales. Sin la educación en los valores, no es que no vayamos a tener buenos negociadores, es que no habrá ni siquiera personas con quien negociar. Un principio infalible que sostiene cualquier negociación dice que hay que ir un poco más allá de lo que se considera justo, pues sólo el justo está dispuesto a hacer más de lo debido.

Es ingenuo pensar que las estructuras sociales, económicas y políticas alcanzarán el orden deseado por la sola acción de la justicia. Por eso, en el curso de una negociación como en la vida misma, se dan deudas, obligaciones o deberes que excluyen la posibilidad de una satisfacción o de un pago proporcionado. Tan es así que una persona que se esfuerza seriamente por ser justa dándole a cada uno lo que le corresponde, experimenta al mismo tiempo la sensación de "quedarse corto". Esta sensación de insuficiencia –quizás motivada por la esperanza de construir un mundo mejor– es la que nos lleva a tratar de sobrepasar lo justo. Tal vez éste sea el motivo por el que las personas de sociedades avanzadas sienten cada vez más la necesidad de desarrollar una actividad de voluntariado o beneficencia para extinguir esa especie de angustia que suele instalarse en el consumidor insaciable de falsas seguridades que terminan dejándolo vacío.

Las empresas que han desarrollado en los últimos años la llamada responsabilidad social también se han visto afectados por dicho sentir, cada vez más creciente y consolidado. A veces, los empresarios piensan que deben hacer grandiosos proyectos, cuando basta con transformar sus negociaciones en un espacio de justicia.

La sinceridad, por ejemplo, es una forma de justicia y de responsabilidad social, ya que en la experiencia de un proceso de negociación, nos damos cuenta de que hay prestaciones que jamás van a ser susceptibles de coacción y, sin embargo, son obligadas, como el decir la verdad a alguien.

La gratitud es otra forma de justicia. No se trata únicamente de un formalismo cortés o de tener buena educación. El Salmo 4, también conocido como la oración de la noche, nos ofrece una visión trascendente del sentido de gratitud. "El estar agradecido por los favores recibidos nos lleva a pedir nuevamente. Esta petición será confiada. La confianza atraerá la paz y la alegría en medio de las dificultades." Entendemos este pasaje de la siguiente forma: quien pide a Dios desde la carencia, no ve los regalos que ha recibido en su día a día; quien agradece cada noche por las experiencias vividas, se coloca en una posición de abundancia, se da cuenta de las posibilidades que tiene y es capaz de ver oportunidades para los demás. Desde ahí puede ser justo, porque al conocer sus opciones y las de los demás, dará a cada cual lo que le corresponde.

La gratitud es importante porque cerramos el círculo del dar y el recibir, un círculo virtuoso que tiene más posibilidades de generar abundancia. Los fenicios son un gran ejemplo de ello. En las ciudades en las que tenían puertos y negocios prósperos, se preocupaban de agradecer a sus dioses por los dones recibidos construyendo templos de gran belleza. Leamos lo que dice esta inscripción votiva dedicada a Ba'alat procedente de Biblos (S. V a. C.):

> *Soy Yehawmilk, rey de Biblos, hijo de Yeharbal, nieto de Urimilk, rey de Biblos, a quien la dama, la Señora de Biblos, hizo rey de Biblos. He estado llamando a mi dueña, la Señora de Biblos, y ella ha oído mi voz. Por consiguiente, he hecho para mi dueña, la Señora de Biblos, este altar de bronce que se halla en este patio y este objeto grabado de oro que está delante de esta inscripción mía, con el pájaro de oro engastado en una piedra semipreciosa, el cual se halla sobre este objeto grabado de oro, y este pórtico con sus columnas y los capiteles que están sobre ellas y su tejado: Yo, Yehawmilk de Biblos, he hecho estas cosas para mi dueña, la Señora de Biblos, porque llamé a mi dueña, la Señora de Biblos, y oyó mi voz y me trató bondadosamente. Quiera la Señora de Biblos bendecir y preservar a Yehawmilk, rey de Biblos, y prolongar sus días y años en Biblos, pues es un monarca recto. Y quiera la dueña, la Señora de Biblos, darle favor a los ojos de los dioses y a los ojos del pueblo de su país, y que él se complazca en la gente de este país. Seas quien fueres, gobernante y hombre ordinario, tú, el que continúe la obra de este altar y de este objeto grabado de oro y este pórtico, mi nombre, Yehawmilk,*

rey de Biblos, pondrás con el tuyo en esta obra, y si no pones mi nombre con el tuyo, o si tú quitas esta obra y la trasladas de sus cimientos en este lugar y... Así la dueña, la Señora de Biblos, destruya ese hombre y su simiente en presencia de todos los dioses de Biblos.

TEST RÁPIDO

En la escala del 1 al 10...

¿Eres agradecido?

¿Consideras la vida como una cárcel?

¿Eres feliz?

¿Por qué hay tanta gente tan ingrata? Cuando la gente no es agradecida siente que se merece las cosas y no ve la necesidad de dar gracias. La ingratitud es, como en el proceso de negociación, el no dar retroalimentación, flujo esencial para la comunicación efectiva y para no crear supuestos o inferencias.

La generosidad, la liberalidad o la afabilidad (*affabilitas*, como la llama Santo Tomás), son formas de justicia y potencian la humanidad de un "yo" que se pone en juego ante un "tú", ese otro que tiene el mismo impulso de verdad, de bien y de belleza. Cuando falta todo lo anterior, falta también la alegría (*delectabiten*). Así como la vida auténticamente humana es imposible sin verdad, también lo es cuando no hay alegría.

La misericordia es un principio que podemos integrar al momento de enfrentarnos a dilemas de negociación. Juan Pablo II, gran exponente del pensamiento social del siglo XX, afirmaba que no habría verdadera justicia sin misericordia. Ésta se ejerce a pequeña y gran escala, por ejemplo, cuando se perdona la deuda a países pobres o a estudiantes que después de graduarse no consiguen trabajo. Hacer lo que se debe, en este caso, es cobrar la deuda a alguien que la adquirió. Sin embargo, a veces hay un afán calculador que se esconde detrás de "hacer lo debido", un afán que nos puede volver inhumanos. Perdonar la deuda es un acto de misericordia no porque el otro lo merezca, sino porque al hacerlo, se da un plus, ese extra que mueve al justo a hacer más de lo debido. H. Gollwitzer, al contar las memorias de su cautiverio, recordaba cómo los presos veteranos no toleraban que los camaradas enfermos recibieran una porción que no fuese la correspondiente a su efectiva participación. "Ante nuestra apelación a su compasión y camaradería no mostraban mayor comprensión que nosotros ante ese inexorable modo de calcular lo que se debe –un cálculo por cierto, sobre el que se monta el sistema vital entero de la Unión Soviética"[7]. Las enseñanzas de los filósofos clásicos del cristianismo nos recuerdan que la

[7] Mencionado por Josef Peiper en *Las virtudes fundamentales*, Ediciones RIALP S.A., Madrid, 2003, p 172.

misericordia sin la justicia es la madre de la disolución, pero la justicia sin misericordia es crueldad.

Otro aprendizaje que nos deja el ejercicio de la justicia es el de la integridad. Un negociador sin integridad no puede crear una negociación con cimientos sólidos y duraderos. Como dice Carlos María Moreno Pérez: "Por integridad me refiero al conjunto de estándares de honestidad moral e intelectual en que se basa la conducta de una persona. Sin integridad nos traicionamos a nosotros mismos, traicionamos a los demás y reducimos el valor de todo lo que iniciamos" (2001). Moreno Pérez añade que de poco servirían las demás virtudes (la prudencia, el discernimiento y la templanza) sin la justicia.

Las personas de una empresa han de percibir claramente que el líder es justo en su manera de hacer. Si la justicia está presente en la dirección, gana credibilidad ante sus subordinados. Cuando la arbitrariedad, la prepotencia o la simple falta de criterios están presentes en la conducta del directivo, se pierde toda posibilidad de llevar a término un liderazgo ético.

Estoy convencido de que en los próximos años aparecerán estudiosos rigurosos sobre la importancia de las virtudes en el trabajo directivo. La revisión de clásicos como Aristóteles, junto con el pulso del trabajo directivo diario en empresas concretas, aportarán sin duda una mayor profundidad en la dirección de empresas. Será el momento de dar un paso más hacia una dirección centrada en valores y un liderazgo fundamentado en virtudes. Al respecto, Juan Antonio Pérez-López escribe en su libro *Liderazgo y ética en la dirección de empresas*, estas palabras acertadísimas:

> *"Cuando un hombre de empresa no es capaz de mover a su gente más que a través de motivos económicos, es tan mal profesional como el médico que es incapaz de otra cosa que no sea atacar los síntomas que el enfermo dice que tiene. Cuando es capaz de mover a las personas a través de los trabajos que les ofrece y del aprendizaje profesional que le proporciona, ya está en otro nivel profesional; ya no es tan sólo un estratega sino un ejecutivo. Cuando es capaz de llevar a los subordinados a descubrir el valor y el sentido de lo que están haciendo, entonces, y sólo entonces, es un líder."*

Una persona que no es justa consigo misma y con los demás está muy lejos de ser íntegra. Este libro aporta al tema de negociación trascendental estudiando a profundidad las virtudes como pilares de un líder ético e íntegro. El término Tradeables, de donde podemos extraer la palabra DEAL, trabe y trato, adquiere mucho más sentido ahora. Los Tradeables comportan en sí mismos la base de integridad y justicia necesarias en cualquier negociación.

EJERCICIO DE REFLEXIÓN

¿QUÉ TAN JUSTO ERES?

1. ¿Noto mucha diferencia entre la realidad y mis expectativas?
2. ¿El rol de la verdad juega un papel muy importante en mi proceso de negociación?
3. ¿Soy equitativo al momento de dar?
4. ¿Mi estilo es más integrativo que distributivo?
5. ¿Me preocupa más la justicia al largo plazo que el corto plazo, o ambas?
6. ¿Mi negociación contribuye a establecer un orden más justo en el conjunto de la vida?
7. ¿Existe un alto nivel de responsabilidad social en mi proceso de negociación?
8. ¿Identifico la justicia en mi proceso de negociación con los términos de igualdad, dignidad y equidad?
9. ¿Mi decisión en relación con la comunidad influye positivamente?
10. ¿La responsabilidad moral es un factor en el curso de mis negociaciones?

% de la Justicia = Número de respuestas SI/10*100 =______%

CAPÍTULO IV

LA FORTALEZA

La fortaleza es la virtud moral que, en medio de las dificultades, nos da la firmeza y la confianza para seguir por el camino del bien.
Juana de Arco, ícono de la fortaleza.
Iglesia Trinità dei Monti, Roma, Italia.

PARA ENTENDER LA FORTALEZA

Los hermanos D eran proveedores de mantenimiento para la empresa A, dueña de un enorme parque de diversiones. Durante muchos años, los hermanos dieron mantenimiento a los juegos mecánicos del parque, hasta que un día éste cambió de administración. Los recién llegados pidieron a los hermanos D que les hicieran una cotización que incluyera mantenimiento, cambio de equipos y pintura de todo el complejo. Después de presentar la mejor propuesta de servicios, los administradores llamaron a los hermanos para que fueran a discutir la propuesta. Los ejecutivos del parque les pidieron que multiplicaran por tres la cantidad en dólares, pero que sólo la cobraran una vez y le entregaran la diferencia al parque de diversiones. También les solicitaron que no hicieran a profundidad el trabajo, que se limitaran a pintar los juegos mecánicos y que no efectuaran los cambios de refacciones o equipo necesarios. En otras palabras, pusieron sobre la mesa de negociación la posibilidad de mejorar el ingreso realizando sólo la tercera parte del trabajo. Los hermanos D se encontraban en un dilema. Si aceptaban hacer menos trabajo, el riesgo por su falta de ética iba a ser muy alto; si no lo aceptaban, quedarían al instante en bancarrota al dejar de percibir los ingresos de su cliente principal.

¿Qué hubieran hecho ustedes? Esta pregunta se la he formulado a estudiantes jóvenes y a estudiantes de maestría, y muchos contestan que sí habrían aceptado el trabajo. La fortaleza de decir NO en una negociación y quedarse sin nada al día siguiente requiere saber discernir entre lo bueno y lo malo y tener una templanza sin precedentes. Los hermanos D son un ejemplo de cómo ser un excelente negociador, pues ellos decidieron decirle que no a los empresarios, a pesar de que la bancarrota estaba llamando a la puerta de su casa. Al momento de rechazar la oferta de su cliente principal, los hermanos escribieron una carta con acuse de recibo especificando las razones por las cuales no aceptaban el trabajo, porque ellos sabían perfectamente que un trabajo de reparación que no se hace se convierte en un riesgo latente. Además, para ellos resultaba inadmisible perder la dignidad por un trabajo, ya que a la larga se pierden ambos, trabajo y dignidad.

Meses después de que los hermanos D rechazaran el acuerdo, ocurrió un grave accidente en el parque de diversiones que dejó varios heridos y muertos. El parque intentó demandar a los hermanos D sin mucho éxito. Afortunadamente, habían entregado a los empresarios del parque una carta donde explicaban que no aceptaban el trabajo a menos que realizaran las reparaciones a profundidad; habían recomendado cambiar una serie mecanismos, porque si se dejaban así implicaban un riesgo, y también especificaban que el parque de diversiones no había aceptado las medidas de sugeridas por los hermanos D, por lo que la demanda de los empresarios del parque no procedió. Hasta la fecha, el negocio familiar sigue prosperando con la misma buena reputación. ¿Cuál es la moraleja de esta historia? Definitivamente, la templanza, el discernimiento y sobre todo la fortaleza son características importantes del negociador trascendente.

La fortaleza, como aquí la entendemos, es la virtud moral que en las dificultades nos da la firmeza y la confianza para seguir por el camino del bien. Nos ayuda a resistir a las tentaciones y a superar obstáculos de tipo moral. Esta virtud nos hace capaces de vencer el temor y hacer frente a las pruebas, de renunciar o sacrificarnos cuando haga falta defender una causa justa. En nuestras sociedades, desafortunadamente marcadas por un liberalismo radical, el concepto original de una persona fuerte se ha perdido y tiende a confundirse con la prepotencia o el ejercicio autoritario del poder. A nosotros nos interesa subrayar su sentido primero. ¿Por qué hay que ser fuerte, frente a quién? ¿Ser humilde es ser fuerte?

San Agustín decía que la fortaleza es "un testigo incontestable" de la existencia del mal. Y esa condición metafísica nos ayuda a entender que en cualquier actividad humana, la inercia del mal recorre de forma transversal los actos. Santo Tomás retoma el tema de la metafísica[8] del mal y añade que éste no es una esencia o naturaleza, ni una forma, ni un ser: el mal es una ausencia de ser, no una simple ausencia o negación, sino la privación del bien que debería de existir en una cosa. Jacques Maritain[9] lo explica con impresionante sencillez en una conferencia dictada en 1944:

[8] Al hablar de metafísica nos referimos a una de las partes fundamentales de la filosofía que se encarga de estudiar al ser y enfoca su atención en todo aquello que trasciende lo meramente físico.

[9] Jacques Maritain, *Santo Tomás de Aquino y el problema del mal*, conferencia dictada en Marquette University, Milwaukee, EEUU, 1944.

> *El mal existe realmente como una herida o una mutilación del ser; el mal está realmente allí, cada vez que una cosa –que en la medida en que es y en que tiene el ser es buena– es privada de algún ser o de algún bien que debería tener. De ese modo, el mal existe en el bien; de otro modo, el sujeto o portador del mal es bueno en cuanto tiene el ser en él. (...) ¿Cuál es el poder del mal? Es el mismo poder del bien que hiere y a cuyas expensas vive. Cuanto más poderoso es ese bien, tanto más poderoso será el mal, no por virtud de sí mismo, sino por virtud de ese bien.*

Toda negociación está de alguna manera amenazada por un mal que va más allá del nivel de conciencia de los mismos participantes. En nuestras sociedades, el mal tiende a banalizarse, no se le considera tan peligroso como para no negociar con él. "Toda la gente tiene su precio" es una de las frases que ponen de manifiesto su presencia. Pero con la multiplicidad de sus formas y su dimensión poliédrica no se puede negociar.

TRANSFORMAR LA VULNERABILIDAD EN FORTALEZA

En los atentados cometidos en noviembre de 2015 en la ciudad de París, un periodista de 24 años, Antoine Leiris, perdió a su esposa, la madre de su pequeño hijo. En un acto que rompe con la inercia de venganza que ha hecho reaccionar negativamente a muchas personas, Leiris publicó en su muro de Facebook una carta conmovedora de la cual extraemos algunos fragmentos:

El viernes por la noche ustedes me robaron la vida de un ser excepcional, el amor de mi vida, la madre de mi hijo. Pero no tendrán mi odio. (...) Por supuesto que estoy devastado por el dolor, les concedo esta pequeña victoria, pero será de corta duración. (...) Somos dos, mi hijo y yo, pero somos más fuertes que todos los ejércitos del mundo. No tengo más tiempo para dedicárselo a ustedes, tengo que levantar a Melvil que se ha despertado de su siesta. Tiene apenas 17 meses, ahora comerá su merienda como todos los días, y luego iremos a jugar como todos los días; y toda su vida este niño los enfrentará para ser feliz y libre.

Reconocer la propia vulnerabilidad es fundamental para que la fortaleza surja como posibilidad. En primer lugar, la vulnerabilidad supone reconocer que yo no soy Dios, que en mi condición de creatura humana soy susceptible de recibir una herida y de cometer errores, casi siempre por miedo. En el Nuevo Testamento, el libro de Lucas nos da un ejemplo ilustrativo de lo anterior. Pedro se consideraba amigo de Jesucristo, y éste también lo tenía como su discípulo predilecto. Sin embargo, la noche en que Jesucristo es aprehendido, Pedro da cuenta de su vulnerabilidad:

Entonces prendieron a Jesús, se lo llevaron y le hicieron entrar en la casa del sumo sacerdote. Pedro los seguía de lejos. Habían encendido una hoguera en el centro del patio y estaban sentados alrededor. Pedro se les unió. Una criada, al verlo sentado junto al fuego, lo miró detenidamente y dijo: "Éste también estaba con él". Pedro lo negó: "Mujer, no lo conozco". Poco después lo vio otro y afirmó: "Tú también eres uno de ellos". Pedro dijo: "Hombre, no lo soy". Una hora más tarde, otro lo acusó: "Cierto que éste también estaba con él, pues además es galileo". Le dijo Pedro: "¡Hombre, no sé de qué hablas!". Y en aquel momento, cuando aún estaba hablando, cantó un gallo. El Señor se volvió y miró a Pedro. Recordó Pedro las palabras que le había dicho el Señor: "Hoy mismo, antes que cante el gallo, me habrás negado tres veces". Y saliendo de allí, Pedro lloró amargamente.

En una negociación, ser fuerte, valiente o aguerrido, significa reconocer que hemos fallado y cicatrizar las heridas, es decir, elaborar en positivo aquello que antes intentábamos justificar. Esta actitud determina el éxito del proceso a largo plazo. Ese negociador no sólo será más fuerte, sino que se arriesgará más en la acción, es decir, se involucrará más en el juego como persona.

Las negociaciones fallidas son las mejores experiencias para aprender qué no hacer y qué mejorar. Hace muchos años, en mis primeras experiencias como consultor de negocios, un cliente en México no quiso pagar lo acordado. Yo le dije que no era justo ese tipo de trato porque habíamos hecho un acuerdo en buena fe. Su respuesta fue contundente: "La justicia es divina". Entonces recordé las escrituras del libro de Mateo: "En verdad les digo, que todo lo que ustedes aten en la tierra, será atado en el cielo; y todo lo que desaten en la tierra, será desatado en el cielo", y enseguida le contesté al cliente: "Por eso, deberías de preocuparte más por no ser justo en la Tierra, ya que si crees en la justicia divina, debes de poner tu parte en tus tratos terrenales". Finalmente, la persona me pagó con un trueque de algo que yo necesitaba, y eso significó más para mí que el verdadero valor de los servicios prestados. Para él, sin embargo, no tenía tanta importancia el intercambio, pero sí los servicios. La primera lección aprendida fue que hay que tener un acuerdo por escrito para evitar el conflicto al finalizar el trabajo; la segunda, hay que tener la disposición de siempre ser flexible y encontrar una solución a futuros conflictos.

Otro ejemplo de error en la negociación es cuando esperamos mucho de la otra parte y nos decepcionan su actitud o su comportamiento. Es importante reconocer que la decepción es relativa a nuestra propia cultura y expectativa. Si lo analizamos desde la cultura del otro negociador, quizás algo que nos decepciona no sea tan crítico como pensamos. Esta flexibilidad de pensamiento puede ayudar al negociador a no caer en decepciones aun cuando en su cultura lo sea. Un ejemplo típico es cuando viene un visitante extranjero a nuestros países latinos; lo más seguro es que lo recibamos en el aeropuerto y manifestemos una cultura de hospitalidad muy especial. Sin embargo, cuando nos invitan a un país del norte de Europa, por dar un ejemplo sin estereotipar, seguramente nuestra expectativa es ser recibidos en el aeropuerto como una cortesía. Pero en la cultura del norte de Europa, con una mentalidad mucho más práctica, en lugar de ir a recogerte, sugieren que tomes el metro o el autobús, y te indican el horario apropiado según la agenda de trabajo. No debemos de decepcionarnos, porque cada cultura tiene sus momentos, situaciones y maneras diferentes de ser hospitalario.

La disposición se manifiesta en el riesgo de la acción. Los mártires del cristianismo han dado grandes ejemplos de fortaleza, no tanto por haber resistido a las embestidas de sus torturadores, cuanto por la plenitud y madurez con que han alcanzado la disposición de realizar una acción que es la suprema de cualquier ser humano: dar la vida por otro. Esa herida, al mártir le permite ganar una integridad más esencial y honda. Es la integridad y no la obtención de un objetivo a corto plazo lo que hace de un acto humano una ocasión para enriquecerse espiritualmente y salir ganando en el conjunto de la vida.

En toda negociación hay elementos intangibles, valores que la cimentan, aunque no sean evidentes para quien desee sacar provecho de la situación; hay actitudes y virtudes que no se pueden improvisar. La fortaleza en una persona no la definen la dificultad del proyecto o el esfuerzo que ponga en ello, sino en la firme actitud de realizar un bien trascendente y enfocarse en que todo el proceso esté bien orientado hacia ese fin. El fuerte, para serlo, tiene que recurrir al discernimiento para poder percibir el bien, orientarse desde la prudencia para conseguirlo y ejercer la justicia para ejecutarlo. Sólo así se puede ser realmente valiente. Ser fuerte significa, por tanto, ser capaz de valorar con justicia las cosas; de otro modo, la fortaleza sin justicia se convierte en la palanca del mal.

La precaución o el miedo, en términos mas existenciales, no se contraponen con la fortaleza, ya que son fruto de nuestra condición de vulnerabilidad. Ser fuerte no significa no sentir temor: una persona valiente en el curso de un negociación es aquella que no deja que el miedo a no conseguir el objetivo –obtener un paquete de acciones a un precio determinado, por ejemplo– lo haga abandonar la buena relación que tenía con su contraparte

–que seguramente está en condiciones de vendérselas a buen precio en el futuro–.

El acto más genuino de la fortaleza no es tanto el atacar, sino el resistir. Por eso, la paciencia es fundamental. Paciente no es aquel que huye para no enfrentar el mal, sino el que no se deja condicionar o guiar por dicho mal hacia un estado permanente de enfrentamiento.

Algunas instancias sindicalistas que actúan presionando al sector público y privado, se equivocan estrepitosamente al ejercer un tipo de fuerza que, como una especie de boomerang, se vuelve contra ellos mismos, ahondando más los problemas en vez de solucionarlos. Tomemos el caso de la huelga más larga de pilotos de aviación desde los años 90: duró dos semanas y le costó cientos de millones de euros a la compañía Air France. Además, estuvo a punto de arruinar la relación con su socio KLM, ya que esta aerolínea amenazó con romper la sociedad si los tres mil pilotos de Air France no paraban la huelga. Los pilotos de Air France, con todo y sus prestaciones y salarios privilegiados, empeoraron la situación y pusieron en riesgo su trabajo y el de los empleados de la empresa, ya que al cabo de ese año, la aerolínea reportó grandes pérdidas. El objetivo de la huelga era ejercer presión para forzar a la mancuerna franco-holandesa a que revisara sus planes de expansión de la nueva empresa de bajo costo, Transavia, pues existía el temor de que causara bajas de salario y peores condiciones de trabajo para ellos. La intención de KLM era reducir costos y mejorar la eficiencia y los resultados, pero después de la huelga, las negociaciones para los siguientes años pudieron haber retrocedido y causar el despido masivo de empleados. La crítica principal era hacia los pilotos franceses por no haber aceptado trabajar más horas, ya que su contraparte, el sindicato holandés, sí había aceptado. La paciencia se transforma en fortaleza si puedo conservar la capacidad de juicio, discernimiento y clarividencia, aún cuando estoy siendo objeto de un "maltrato" empresarial.

Un caso muy distinto es el de los trabajadores de una empresa en Japón, que a pesar de entrar en una huelga activa, se condujeron con toda profesionalidad y excelencia. El problema era que la empresa no estaba cumpliendo con el pago de los salarios de sus empleados. El comportamiento que los trabajadores tuvieron generó a la larga un efecto de presión psicológica mayor que si todos los días hubiesen organizando paros durante el horario laboral.

Y bien, paciente es aquel que no se deja condicionar ni posicionar. El dar un poco más, el ir más allá de "lo que se debe", incide mucho más en el otro. Verdaderamente, es superior la alegría en el dar que en el recibir, aunque el *quid pro quo* se potencia en algunos casos, como en el de los boxeadores, que les da mayor alegría el dar que el recibir.

Da mayor alegría el dar que el recibir. Fresco de los boxeadores. Museo Arqueológico Nacional de Atenas.

Transformar la vulnerabilidad en fortaleza también habla de qué tan comprometidos estamos con nuestro crecimiento personal. Recuerdo que una sobrina de México que trabaja en una agencia de viajes llamó a mi esposa Marcela a Houston pidiéndole ayuda. Uno de los clientes de mi sobrina necesitaba un chofer de confianza para llevarlo el fin de semana del Fórmula 1 a Austin, Texas. Los empresarios que visitaban Texas en su avión privado no lograban conseguir a alguien de confianza que los transportara de Houston a Austin en esos días, apenas había choferes y estaban muy bien cotizados. Uno de mis hijos se ofreció a trabajar como chofer ese fin de semana para generar ingresos y experimentar algo diferente. En principio, debía recibirlos en el aeropuerto de Houston, llevarlos a Austin y luego, a un horario razonable, a la Formula 1. Mi sobrina le comentó a su cliente que su primo hermano estaba dispuesto a fungir de chofer. Su cliente, muy contento, le dijo a mi sobrina que no se preocupara, que hasta lo iban a invitar a comer y a entrar con ellos a los eventos.

La desilusión comenzó con el cambio de planes. Le pidieron a mi hijo que primero recogiera a alguien en San Antonio y luego lo llevara a Austin. Después, que ya no fuera por ellos al aeropuerto de Houston sino al de Austin. Mi hijo lo hizo sin protestar. Primero le habían dicho que se trataba de una pareja y terminaron siendo nueve personas. Querían que mi hijo los llevara y trajera a fiestas y otros eventos hasta bien entrada la madrugada; un trabajo que se suponía iba ser de ocho horas al día, se convirtió en una labor de 24 horas en las que ni siquiera le ofrecieron un vaso de agua. Antes de despedirse por la noche y terminar su jornada, los empresarios le pedían que estuviera a las 9:00 de la mañana en el hotel. Pero a la mañana siguiente, antes de las 8 de la mañana, le llamaban para decirle: "Quiero que estés aquí ahora mismo". Mi hijo se hospedaba a unos 40 minutos de donde estaban los empresarios. Se daba prisa en llegar y cuando estaba ahí, los señores le pedían que los llevara a un restaurante al que se podía ir caminando desde el hotel, y mi hijo tenía que esperar afuera en el auto. El fin de su trabajo consistía en llevarlos al aeropuerto de

Austin, y una vez cumplido esto, mi hijo regresaría a Houston al día siguiente para dejar ahí el auto de estos empresarios. Sin embargo, en el aeropuerto de Austin le pidieron que llevara a alguien más a San Antonio. Como esa actividad no estaba programada, mi hijo se negó. Entonces los empresarios lo dejaron sin coche en el aeropuerto de Austin y le dijeron: "Eres muy mal chofer y aquí está tu salario".

La verdad, me dio mucho gusto que mi hijo tuviera una experiencia como ésta. Es dura, pero le hizo ver que en la vida no todo es color de rosa y le permitió experimentar la fortaleza. Sin embargo, yo me pregunto si el empresario mexicano, al darle el título de chofer a alguien, asume que puede maltratar a la persona sin importarle la dignidad. Y es que yo conozco empresarios mexicanos que tratan a los choferes como familiares y amigos suyos.

Para mi hijo y para toda la familia, esta experiencia fue muy enriquecedora. Agradecemos a estos empresarios que su comportamiento nos haya dado la fortaleza para sortear, día a día, este tipo de acciones.

El camino de la excelencia en la negociación puede llevarnos a trascender. El águila es símbolo de la excelencia. Ilustración: Antoine Chamoun-Farah.

CONTRA LA IRA Y EL MIEDO

Hace tiempo trabajé en un proyecto de ingeniería y construcción con un cliente que le había asignado a nuestra empresa la comisión de hacer los servicios de reingeniería. El total de inversión de los servicios superaba los 40 millones de dólares. Después de evaluar el proyecto con un experto de nuestra empresa, tendría que explicarle al cliente que hacer una simple reingeniería del proyecto no tendría gran impacto, que sería una falta de ética de nuestra parte hacer el trabajo sin aclarárselo. Estábamos a punto de rechazar un proyecto de muchos millones de dólares para la empresa donde yo trabajaba, pero tuve la fortaleza de decírselo a quien yo le reportaba internamente. Tenía miedo de ser despedido, pero sabía que la responsabilidad no era algo negociable. Afortunadamente, tanto mi cliente como al interior de la empresa, las personas con las que trataba tenían un sentido muy claro de la ética y los valores profesionales. Si no hubiese sido así, probablemente hubieran aceptado el trabajo, a mí me hubieran despedido o yo hubiera renunciado. Como resultado de nuestras acciones honestas, más adelante realizamos un proyecto de más de 100 millones de dólares de servicios para ese cliente.

Ser fuerte, templado y ético es muy rentable al largo plazo. La fortaleza ha de aspirar siempre a ser el rutilante emblema de la invulnerabilidad última. Tal como dice Santo Tomás: "Por la paciencia se mantiene el hombre en posesión de su alma". Y no se trata de proyectar una imagen de debilidad. Todo lo contrario, creemos firmemente que esto es ser fuertes de verdad. La verdadera fortaleza, continúa Santo Tomás, guarda una relación positiva con la ira, pues ésta se pone en acto para atacar el mal y defender el bien. El uso valeroso de la ira no tiene otro valor que el de un "recurso eventual de emergencia". Por ejemplo, es memorable el momento en el que Jesucristo entra en el templo de Jerusalén y usa la ira para desalojar a los comerciantes que habían convertido ese lugar sagrado en un sitio profano. La ira, pues, es un recurso pedagógico y no un desahogo o un ejercicio del poder violento.

Muchas tácticas de negociación, como levantarse de la mesa, no son necesariamente música celestial. En algunos países se utilizan tácticas duras, como intimidación, presión de tiempo, falta de recursos o disponibilidad. He visto casos en donde antes de entrar a negociar, el otro te grita, pone una pistola en la mesa o incluso golpea fuertemente con las manos la mesa de negociación. ¿Qué hacer en este caso? En mi experiencia y dependiendo de la cultura, se puede usar el humor, hacer preguntas o quedarse callado para manejar el conflicto. De acuerdo con Thomas Kilman, dependiendo de la importancia relativa entre la relación y el resultado, evitar, colaborar, ser equitativo, ceder o bien competir son el tipo de estrategias de manejo de conflicto que debemos de utilizar. Por ejemplo, si el resultado y la relación no son tan importantes, entonces resulta adecuado evitar; si la relación es más importante que el resultado, es aconsejable delegar; si el resultado es más importante que la relación, se puede competir; y si la relación y el resultado son tan importantes, lo mejor es colaborar. En el medio de la siguiente gráfica tendríamos el estilo equitativo[10]:

[10] El término que utiliza Thomas Kilman para "equitativo" es *compromising*, e implica que cada una de las partes recorre la misma cantidad de pasos para llegar a un acuerdo. También podríamos llamar a este estilo "concertacional".

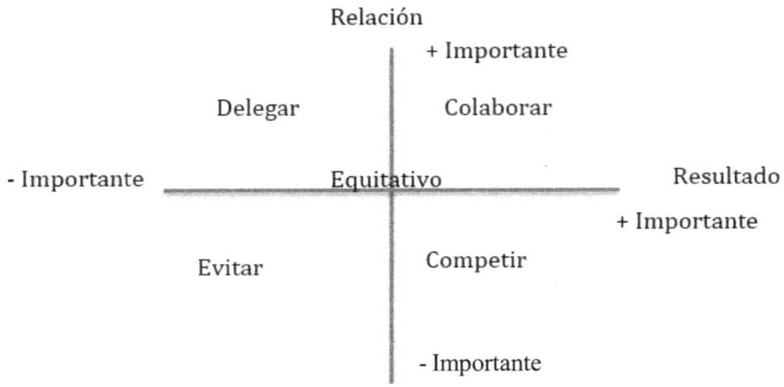

Relación vs resultados: estilos de manejo de conflicto de acuerdo a Thomas Kilman.

En cualquier trato entre dos partes se mezclan intereses distintos en cuanto a pasión, valor para hacer frente a injurias o enfrentar la visceralidad que a menudo entraña un trato. La incapacidad de lidiar con esas diferencias da lugar a neurosis y patologías, casi siempre asociadas al egocentrismo. La necesidad de imponerse o controlar al otro es un mecanismo de defensa. Según el psiquiatra Franz Künkel, "el riesgo a que se expone el yo es tanto más grave, cuanto mayor la solicitud con que se busca su protección". Al sentirse en riesgo, hay una perturbación en la psique que puede dar lugar la angustia.

Es vital el ánimo para afrontar cualquier emprendimiento, independientemente del riesgo que éste suponga. Una persona desubicada que se conduce egocéntricamente, que busca seguridad a cualquier precio y absorbe completamente todas sus facultades, tarde o temprano fracasará. La historia de Schindler, el empresario austriaco que ayudó a los judíos durante la

Segunda Guerra Mundial, nos muestra cómo salvar a un solo judío del horror de la muerte ignominiosa se convirtió en un bien infinitamente mayor que el de seguir haciendo crecer su empresa gracias a la mano de obra gratuita de los operarios judíos, proporcionada por el nefasto régimen nazi. Estamos persuadidos de que el tipo de fortaleza que el empresario austriaco practicó es la táctica mas apropiada para potenciarse humanamente en cualquier tipo de negociación. Esta fortaleza es el presupuesto de una creatividad potente y una sagacidad que va más allá de cualquier estereotipo.

Desde la concepción antropológica, todo ser humano tiene un instinto de justicia y verdad, una percepción primera que puede considerarse como *semina verbi*. El término es la traducción latina de la expresión griega *logos spermatikos* o semilla del logos, presente en la razón humana. El filósofo San Justino decía, allá en el siglo II, que el *logos spermatikos* es el impulso humano por indagar e interesarse en conocer la verdad, y esta condición es la que nos dispone al encuentro con la trascendencia. El padre de la antroposofía, Rudolf Steiner, brinda en una conferencia de 1908 un ejemplo magnífico para entender por qué el ser humano busca la virtud:

> *Tómese y obsérvese una flor. Esta corola o esta campanilla ¿qué era hace poco tiempo? Era una semilla que ya contenía –como posibilidad latente– esta campanilla blanca. Si en la semilla no hubiera existido esta posibilidad de desarrollo, no podría haberse formado esta flor. Y la semilla ¿de dónde proviene? Tiene su origen en otra flor de esta especie. La flor precede a la semilla; y así como la flor precede al fruto, así también la semilla de la cual se formó esta flor, se desarrolló*

de otra planta igual. De esta misma manera, el adicto a la sabiduría del Logos contemplaba al ser humano y decía: si en la evolución nos remontamos a estados anteriores, encontramos al hombre mudo, no dotado del verbo; pero así como la semilla proviene de la flor, así también el mudo hombre-germen proviene del Dios dotado del Verbo que existió en el principio. Dios dice al hombre: "El más profundo secreto de mi naturaleza es el Yo soy; y en el hombre debe fluir la verdadera y eterna potencia del Yo soy, o del yo que tiene la fuerza de compenetrar los otros principios. Esta potencia se halla en el Espíritu de la Tierra".

Si la virtud es la captación de un bien; la fortaleza no es resultado de pasar por dificultades o de esfuerzo, sino de adquirir un bien. La madre Teresa de Calcuta, por ejemplo, buscaba el bien de las personas y negociaba a nivel mundial luchando contra la pobreza; la captación de un bien fue lo que la hizo fuerte, y no la práctica de negociar con presidentes y mandatarios. El fuerte discierne para percibir un bien sin inferir, orientado desde la prudencia y para ejecutar con virtud. Sin justicia, la fuerza da desconfianza y falta de credibilidad, todo lo contrario de los *Tradeables*. La fuerza sin justicia se convierte en un anti *Tradeables*, una palanca para el mal.

La precaución o el miedo no se contraponen a la fortaleza. De hecho, tener agallas es ir en contra del miedo, pero no al estilo de algunas personas o gobiernos, que para "combatir la inseguridad" tienen armas en casa y llenan las calles de policías. Experiencias de trabajo social en las favelas brasileñas mostraron que mientras se invirtió en el miedo y se trató de combatir la delincuencia con armas, ésta no sólo no disminuyó sino que hizo más débil a la comunidad, pues sembró desconfianza entre ellos, fueran o no delincuentes. Un programa de agricultura urbana llamado "Huertos de paz" cambió esta situación. Las autoridades comenzaron a capacitar a las mujeres y los ancianos de las favelas para que aprendieran a sembrar la tierra y aprovecharan cualquier espacio disponible (camellones, jardineras en desuso y terrenos baldíos) para sembrar alimentos entre todos. Este proyecto atrajo a mujeres, niños y jóvenes en situación de riesgo, los llevó a conocerse para trabajar juntos la tierra, a mirarse a los ojos y a apoyarse para producir alimentos sanos que paliaran la carencia del lugar. Invertir en huertos comunitarios fue un remedio mucho más eficaz que invertir en el miedo con armas y policías.

Para ser audaz, el bien no necesita reducirse a lo tangible y material; el acto mas genuino de la fortaleza no es el atacar, sino el resistir, y más allá, el colaborar. Pensemos que la normativa y la ética son como un río con cauces muy determinados. El río tiene hondura y fuerza gracias a que está enmarcado en las orillas, sin ellas se inundaría la superficie. Las orillas son las normas y las leyes, tener claros los límites de la responsabilidad nos da un marco ético en el cual movernos con hondura y velocidad. La profundidad es la verdad; la velocidad es la justicia y la solidaridad. Entre más acotado es el espacio por donde corre el agua, generará más potencia y profundidad en su cauce.

La normativa y la ética son un río con cauces muy determinados, Río Gave, Lourdes Francia.

GRATITUD, GRATUIDAD Y FORTALEZA

Llévame en pos de ti: ¡Corramos!
Entre éxitos y fracasos de los momentos inestables,
es importante conservar siempre una sólida ecuanimidad
y una paz inquebrantable.
CÁNTICOS 1:3

En su libro *Liderazgo al estilo de los jesuitas*, Lowney cuenta cómo los misioneros de esta orden llegaban a muchas poblaciones y, a partir de la cultura de otros, trabajaban para llevarlos a un punto de mayor progreso. Entre estas misiones, destaca la introducción del catolicismo en China. La historia del jesuita San Francisco Javier es un ejemplo de la fortaleza que lleva a alguien a tomar riesgos en cada momento y hasta los últimos días de su vida. A pesar de que los extranjeros estaban condenados a muerte en China, Francisco Javier partió a ese país como misionero. Ángel Peña, por su parte, considera a San Francisco Javier el patrono y fundador de las misiones de los jesuitas en Asia (junto con Santa Teresita del Niño Jesús). Allí fundó varios colegios para la instrucción de niños y jóvenes abandonados en las principales fortalezas de los portugueses y así educarlos en los conocimientos humanos y cristianos. Hizo hincapié en el aprendizaje de las lenguas autóctonas y tradujo las verdades de la fe en la lengua tamil, malayo, malabar… Lo hizo en rima para que se las aprendieran cantando de memoria. Con ayuda de Anjiro tradujo también la doctrina cristiana al japonés. Su ejemplo de vida santa le consiguió el respeto de todos, incluso de los moros y paganos. Todos lo llamaban el Padre santo o Gran padre. No tenía miedo a la muerte y arriesgó su vida en misiones muy peligrosas, confiado en la providencia de Dios. Fue ciertamente como se le llama, el gigante de la historia de las misiones y el apóstol de las Indias. En septiembre de 1552, el misionero llegó a Sancián, una isla cercana a Cantón en la que se instalaban los comerciantes portugueses para hacer tratos con los chinos. Francisco Javier necesitaba volver al continente, pero ningún portugués se atrevía a llevarlo en su barco por temor a las represalias y la cárcel. Finalmente, el misionero murió desterrado en Cochinchina. 500 años después de su muerte, en reconocimiento a su labor, su nombre sigue siendo muy popular entre los habitantes.

Lo que nos hace fuertes en la negociación es también la gratuidad que subyace a nuestros actos. Por gratuidad entendemos el acto de la voluntad que va mas allá del *Do ut des* (doy para que me des). El dar es la expresión de una autorrealización personal, es decir, la persona que se da, se construye. En su libro *El hombre en busca de sentido*, el sobreviviente de los campos de concentración Victor Frankl dice: "Sólo el hombre que se auto trasciende, alcanza la plenitud". Cuando vamos más allá del propio querer, amor e interés, logramos un nivel de plenitud y realización que colma las expectativas del ser humano. Pero la gratuidad implica plenitud, pues sólo puedo dar de lo que tengo y no de lo que me falta. Un rico capital axiológico (valores) facilita la donación, de ahí que las culturas más generosas suelan ser aquellas que tienen un patrimonio moral más logrado.

La gratitud entre hermanos es un don. "Si pudiéramos comprender, no haría falta perdonar". P. Ignacio Larrañaga

Por otro lado, la gratuidad rescata la mirada positiva de la contraparte; es decir, dignifica a la persona. Con esto queremos decir que el otro no es la contraparte que he de doblegar, sino la oportunidad para que yo me pueda desarrollar moralmente.

La gratuidad ayuda a madurar la voluntad porque no es la obtención de un interés al corto plazo. Asimismo facilita un vínculo gracias al cual el proceso volitivo del sujeto queda exento de ciertas aptitudes egoístas. En el marco de los negocios debemos superar las actitudes adolescentes que nos llevan a negar a la otra parte para subrayar la propia identidad. El buen negociador opera de forma diferente: afirma a la otra parte para confirmarse a sí misma. La gratuidad es un medio eficaz para lograrlo. La madurez de la persona se mide más por lo que da que por lo que pide, porque la gratuidad nace siempre de una expectativa cumplida, mientras que la petición nace de una carencia sufrida.

La gratuidad supone percibir el valor de algo, pero cuando se es incapaz de hacerlo, podemos sospechar que hay una falta de autoestima. Uno en la vida necesita más reconocimiento del que merece. Con esto quiero decir que cuando se me reconoce en virtud de mis logros profesionales, constato enseguida que ese reconocimiento no me hace sentir completamente satisfecho, que necesito un reconocimiento que vaya más allá de lo que merecen mis actos. De ahí la importancia de la gratitud, que completa el ciclo de la gratuidad.

Cuando alguien me da las gracias, aunque yo no lo merezca, me pongo feliz, no me enojo. Para ser agradecido, también hay que ser generoso y tener una mirada suficientemente positiva de sí mismo. Es importante decirle al otro: es bueno que tú existas, pero es igualmente importante decirme a mí mismo: es bueno que yo exista. Por que el otro siempre existe para mí.

Pero para darme cuenta de que el otro existe, es necesario considerar que yo existo, no solamente para mí mismo, sino para el otro, porque soy un ser en relación y la relación es constitutiva del ser. Dios es uno, pero no es solo, dicen los cristianos. San Agustín, en sus comentarios a los Salmos, dice: "Muchos son los cristianos que sólo dan gracias a Dios cuando progresan en sus negocios. Salen de la cárcel y alaban a Dios. Les sale bien un negocio y alaban a Dios. Heredan una propiedad y alaban a Dios. Pero si sufren algún daño, blasfeman a Dios. ¿Qué hijo eres que cuando el padre corrige, te molestas y entristeces?".

El tema de la gratitud nos lleva también a considerar que uno siempre está en "deuda" respecto al otro. Por ejemplo, uno siempre está en deuda con las personas que le han transmitido los valores de otras generaciones. El no corresponder al otro me hace deudor de lo que he omitido y me va mermando poco a poco. En una negociación, si le debo algo al otro y lo he omitido, tarde o temprano se volverá contra mí. La parábola del hijo pródigo (Lucas 15) ilustra esta dinámica. Un día un hijo desea irse a conocer el mundo y le pide su herencia a su padre. Éste se la da y el hijo no sólo la malgasta sino que se olvida de su padre y sólo lo recuerda cuando siente hambre, tal como dice San Agustín. Pasado un tiempo, decide volver a la casa del padre más por necesidad que por arrepentimiento o por gratitud. Cuando no se le da al otro lo que le corresponde, el amor y la gratitud del hijo al padre, el egoísmo del primero se convierte en su propio patíbulo. Sin embargo, el padre generoso siempre está dispuesto a recibirlo. Es más, antes de que vuelva a casa, el padre sale a mirar el horizonte para ver si viene. Lo que le permite al hijo pródigo reintegrarse a su núcleo familiar es un acto de generosidad por parte del padre. En la negociación, cuando una de las partes actúa desde la generosidad, es capaz de integrar a la otra parte en un nivel de relación y de vinculación superior en la escala de López Quintás, a diferencia de vivir esclavo de una estructura egocéntrica dentro de la misma negociación, como le pasaba al hijo pródigo.

Lo que determina nuestra capacidad de gratuidad es la libertad. Los animales, por ejemplo, no son capaces de la gratuidad porque les falta libertad; un animal puede ser veloz en la carrera y rápido en el vuelo, pero no es capaz de la verdadera fortaleza que emana de la gratuidad. La verdadera fortaleza no se basta a sí misma, sino que depende de un elemento siempre trascendente. El ser humano nunca es autosuficiente; la gratuidad pone de manifiesto su insuficiencia y dependencia radical. Si yo te doy gracias, es porque me has dado algo que yo no me he podido dar. La gratuidad también requiere de la confianza y la confianza parte de la fortaleza. Cuando una persona confía, es fuerte, porque la confianza lleva consigo la esperanza que pone el ser humano en sí mismo al saber que hay algo que siempre lo trasciende.

Detrás de cada prueba, siempre late una promesa de plenitud que nos permite afrontar la dificultad de la negociación con esperanza. Siempre hay un bien mayor detrás de eso que experimentamos como fracaso. El ser humano nunca pierde la esperanza si sabe que hay algo trascendente que lo rescata del sinsentido de una negociación fallida. De ahí la importancia de los fundamentos trascendentales de la negociación. La fortaleza requiere siempre una cierta superación de la debilidad humana y sobre todo del miedo. Es necesario que haya sujetos valientes no solamente en los conflictos, sino también en aquellos otros ámbitos donde no se espera la obtención de un beneficio inmediato anulando la contraparte.

¿Qué otros campos abarca la fortaleza? Siguiendo la doctrina de Santo Tomas, la virtud de la fortaleza se encuentra en el ser humano:

1) Que está dispuesto a *aggredi pericula*, o dispuesto a enfrentarse con el peligro. Podemos decir que un buen negociador es aquel que está preparado a enfrentar el desafío.
2) Que está dispuesto a *sustinere mala*, es decir, a soportar las adversidades de una negociación por una causa justa, por la verdad y por la justicia. Ya decía Casiano en el libro *Colaciones* (16:23): "Es preciso persuadirse de que a veces es más fuerte quien sabe someter su voluntad a la del otro, que el que defiende a ultranza su propio parecer". Siempre es importante ponerse en los zapatos del otro, no olvidar que la fortaleza sin justicia es palanca del mal, y que la fortaleza sin prudencia no es fortaleza.

Lo que en cualquier proceso de negociación hay que evitar no es que hablen mal de uno, sino el ser un mentiroso. Esa es la verdadera fortaleza. Si no tenemos suficientes fuerzas para sujetar al que se resbala a través de la verdad, resbalamos también nosotros con él y se va a pique la negociación. Según Spurgeon, "la puerta al templo de la sabiduría es el conocimiento de nuestra propia ignorancia".

LA FORTALEZA PSÍQUICA[11]

Este concepto, cuya base empírica nos permite ver el nivel de madurez humana, también nos ayuda a elaborar en positivo aquello que nos ha lastimado o nos produce frustración. Una de las bases de la fortaleza psíquica es la resiliencia, es decir, la capacidad que todo ser humano tiene para reaccionar ante la adversidad, transformarla en un desafío, recuperar el sentido de la vida y salir fortalecido de esa experiencia. Conocer en qué consiste esta capacidad e integrarla a nuestras herramientas de vida contribuye a potenciar nuestro perfil como negociadores fuertes, con sentido común y madurez.

Un ejemplo de los personajes mas representativos de la resiliencia en el ser humano es Nelson Mandela, quien pasó veintisiete años de su vida en la cárcel de Robben Island por oponerse al racismo y el *apartheid* en Sudáfrica. Mandela perdió tres hijos y una bisnieta, y tras ser liberado y elegido como presidente, dedicó todos sus esfuerzos para reconciliar a su país a través del deporte, en torno a una misma bandera multicolor y un ideal sin resentimiento.

[11] Datos extraídos de la Tesina de Enrique Martin: "Neumatología y discernimiento espiritual Ignaciano, Madrid 2001"

Mientras estuvo en cautiverio, cuando llegaban los peores momentos de maltrato, Mandela recitaba el poema *Invictus* de William Ernest Henley:

> *Más allá de la noche que me cubre*
> *negra como el abismo insondable,*
> *doy gracias a los dioses que pudieran existir*
> *por mi alma invicta.*
> *En las azarosas garras de las circunstancias*
> *nunca me he lamentado ni he pestañeado.*
> *Sometido a los golpes del destino*
> *mi cabeza está ensangrentada, pero erguida.*
> *Más allá de este lugar de cólera y lágrimas*
> *donde yace el Horror de la Sombra,*
> *la amenaza de los años*
> *me encuentra, y me encontrará, sin miedo.*
> *No importa cuán estrecho sea el portal,*
> *cuán cargada de castigos la sentencia,*
> *soy el amo de mi destino:*
> *soy el capitán de mi alma.*

El título del poema, a su vez, dio nombre a la última película de Clint Eastwood, que narra la victoria de la selección sudafricana de rugby durante el mundial de 1995, y muestra cómo esa victoria sirvió como punto de unión para negros y blancos en torno a un himno, una ilusión, un futuro y un presidente, el propio Mandela, ejemplo de trascendencia desde la resiliencia.

Actualmente, la psicología positiva –el estudio de las condiciones y procesos que contribuyen al florecimiento óptimo de personas, grupos e instituciones– busca comprender los procesos subyacentes a las cualidades positivas del ser humano. Esta rama de la psicología sostiene que la resiliencia tiene tres características: el compromiso, el control sobre los acontecimientos y el reto ante los cambios de la vida. De acuerdo con estos postulados, existen tres rasgos vitales básicos para construir felicidad:

- Una vida de placer basada en la alegría, manifiesta en el buen humor, el optimismo y la esperanza.
- Una vida comprometida, involucrada en trabajos y tareas, en el amor, la relación con la familia o las amistades.
- Una vida de sentido en la que el autoconocimiento y el uso de nuestras cualidades nos dan sentido de pertenencia y nos llevan a servir a algo mayor que uno mismo (trascendencia).

¿CÓMO ES UNA PERSONA RESILIENTE?

El psicólogo y educador norteamericano Martin Seligman, dentro del marco de la psicología positiva, afirma que una persona resiliente tiene seis rasgos de carácter o virtudes: sabiduría, conocimiento, coraje, humanidad, justicia, moderación y trascendencia. A su vez, éstas se manifiestan en veinticuatro fortalezas, entre ellas: tener curiosidad e interés por el mundo, explorar y descubrir nuevas cosas; amar el conocimiento y el aprendizaje, adquirir y dominar nuevas materias; tener un pensamiento critico y una mentalidad abierta; tener capacidad de juicio y de examinar todos los significados y matices, así como disposición para cambiar las propias ideas con base en evidencias; tener creatividad, originalidad, inventiva e inteligencia práctica; idear nuevos y productivos caminos para hacer las cosas; incluir la creación artística; habilidad para tomar perspectivas, dar consejo a otros, encontrar caminos para entender el mundo y para ayudar a comprender a los demás.

Las personas resilientes también poseen o desarrollan fortalezas emocionales que facilitan la consecución de metas ante situaciones de dificultad externa o interna, por ejemplo:

- Valentía frente a la amenaza, el cambio, la dificultad o el dolor.
- Capacidad de defender la postura que uno crea correcta y actuar sobre las propias convicciones aunque ello implique críticas.
- Perseverancia y diligencia para persistir en una actividad aunque existan obstáculos, para terminar lo que uno comienza, y también para obtener satisfacción por las tareas emprendidas y finalizadas con éxito.
- Integridad, honestidad y autenticidad para comportarse siempre de acuerdo a la verdad sin ser pretencioso, asumiendo la responsabilidad de los propios sentimientos y acciones.
- Vitalidad y pasión por las cosas para afrontar la vida con entusiasmo y energía, actuando con convicción y entrega, viviendo la vida como una apasionante aventura.

En tercer lugar, la persona con alta resiliencia posee tres tipos de fortalezas interpersonales:

a) Humanidad: ofrecer amistad y cariño a los demás, amor, apego, capacidad de amar y ser amado, tener valiosas relaciones con otras personas, en particular con aquellas en las que el afecto y el cuidado son mutuos.
b) Empatía: amabilidad, generosidad, tendencia a hacer favores, ayudar y cuidar a otras personas.
c) Inteligencia emocional, personal y social: ser consciente de las emociones y los sentimientos propios y de los demás, sabiendo comportarse en las diferentes situaciones sociales con adecuada empatía.

La persona resiliente posee fortalezas cívicas que se manifiestan en una vida de comunidad saludable, entre ellas: justicia, ciudadanía, civismo, lealtad, capacidad de trabajo en equipo y en grupo. El sentido de la justicia y de la equidad nos lleva a tratar a todas las personas como iguales; el liderazgo nos hace animar y guiar al grupo del que uno es miembro para realizar proyectos comunes y reforzar las relaciones.

La persona resistente también tiene altos índices en moderación, manifiesta en cuatro fortalezas que nos protegen contra los excesos:

1. Capacidad de perdonar y dar una segunda oportunidad sin ceder a la venganza y al rencor.

2. Modestia y humildad para dejar que otros sean los que hablen de uno mismo sin buscar ser el centro de atención o considerarse más especial que los demás.
3. Prudencia, discreción y cautela en las decisiones para no asumir riesgos innecesarios.
4. Autocontrol y auto regulación de los propios sentimientos y acciones, manteniendo la disciplina y el control sobre los impulsos.

Finalmente, hoy se sabe que la persona resiliente tiene un alto índice de trascendencia, manifiesta en cinco fortalezas que forjan conexiones con la inmensidad del universo y proveen de significado a la vida:

1. Aprecio por la belleza de las cosas, capacidad de asombro, interés por la naturaleza, el arte y la ciencia.
2. Gratitud, manifiesta en la capacidad de agradecer a un ser superior por lo bueno y lo no tan bueno, además de ser agradecido con los demás.
3. Esperanza y optimismo para trabajar con proyección hacia un mejor futuro.
4. Sentido del humor, gusto por reír, gastar bromas, sonreír y ver el lado positivo de la vida.
5. Espiritualidad, fe o sentido religioso.

Estos son algunos modelos y rasgos de la madurez humana que se podrían multiplicar. La madurez humana consiste en la coherencia entre lo que se es y lo que se profesa, y tiene su expresión externa más convincente en la fidelidad y responsabilidad en el cumplimiento de los compromisos y deberes contraídos con Dios y con los demás seres. Es necesario hacer un esfuerzo constante para tomar prudentes decisiones y opciones definitivas, y así alcanzar la quietud de ánimo para integrar con serenidad las fuerzas emotivas bajo la guía de la razón, la voluntad, la fe y la caridad, la actitud de apertura y donación constante a los demás, sin excepción de personas, y la rectitud en el modo de juzgar sobre las personas y sobre los acontecimientos de la vida.

La madurez no es una cualidad formada por varios aspectos. Es una gama de actitudes ante la vida. El Concilio Vaticano II las describe como estabilidad de espíritu, capacidad para tomar decisiones prudentes y rectitud en el modo de juzgar sobre los acontecimientos y los hombres. Dichas características son muy útiles para valorar la madurez humana de un buen negociador. Se trata de rasgos generales y descriptivos que reflejan, en todo caso, una madurez existencial de la vida experimentada.

Es posible que la madurez existencial plena no se alcance nunca en la vida, independientemente de la cantidad de años que uno tenga. Este tipo de madurez implica el tomar una responsabilidad fundamental y esencial sobre la propia existencia y sobre quienes somos, de tal modo que nuestro paso por la vida sea un devenir, un paulatino desarrollo que traiga al mundo todas las potencialidades y capacidades que duermen dentro de nosotros y que todavía no han visto la luz.

Una visión completa abarca la madurez estructural, es decir, conocer qué función cumplen los contenidos expresados en dichos rasgos dentro de la dinámica global de cada persona.

Como sujeto cognitivo, cada persona se abre a la trascendencia de conocer el significado de las cosas y el misterio de su existencia. Como sujeto actuante y libre, la persona está confrontada con esa libertad. Y como sujeto compuesto de distintos niveles de motivación, está invitado a integrarlos jerárquicamente. En otras palabras, el ser humano trasciende actuando desde el conocimiento, la libertad y la necesidad.

La fortaleza se mide por la capacidad de tender puentes en un ámbito donde impera la fragmentación, como es el caso de los negocios. Un puente es lo contrario a un asalto o un desembarco, no es la homogeneización impuesta ni se trata de reducir a la contraparte a la nada. El negociador que camina en humildad queda libre de la necesidad de recurrir a su posición como plataforma para vengarse de los que se han aprovechado de él. La fortaleza, la justicia, la templanza y la prudencia, junto con la humildad, sirven de freno y equilibrio en una buena negociación.

EJERCICIO DE REFLEXIÓN

¿CÓMO ERES DE FUERTE PARA NEGOCIAR?
Recuerda que fortaleza no es la ley del fuerte, sino del más sabio.

1. ¿Pones en juego todas tus facultades en una negociación?
2. ¿Eres capaz de tolerar el mal en la negociación?
3. ¿Eres capaz de valorar lo que es justo e injusto?
4. ¿Eres paciente cuando sabes más que el otro?
5. ¿Eres autónomo respecto a estereotipos de clientes o focos de influencia?
6. ¿Eres capaz de integrar las pérdidas de manera positiva y de darles sentido?
7. ¿Te has preguntado con qué cuestiones no puedes negociar?
8. ¿Existe diferencia entre lo relativo y absoluto en tu vida?
9. ¿Tienes convicciones en una negociación?
10. ¿Tienes muchas dudas y escepticismos al negociar?

% de Fortaleza = Número de respuestas SI/10*100 =______%

CAPÍTULO V

LA TEMPLANZA

La templanza, virtud moderadora de las sapiencias. Museo del Vaticano. Foto: Habib Chamoun-Farah.

Hay reprensión intempestiva,
y hay silencioso de verdad sensato.
¡Cuánto mejor reprender que estar airado!
El que se acusa de su falta evita la pena.
Hay silencioso tenido por sabio,
y quien se hace odioso por su verborrea.
Hay quien se calla por no tener respuesta,
y quien se calla porque sabe su hora.
El sabio guarda silencio hasta su hora,
mas el fanfarrón e insensato adelanta el momento.
El desmedido en palabras se hace abominable,
y el que pretende imponerse se hace odioso.
Eclesiástico 20

¿QUÉ ES LA TEMPLANZA?

Cuando vemos que alguien es capaz de armonizar lo que a primera vista es dispar y divergente, decimos algo así como: "Esta persona ha sido capaz de templar una situación". Las situaciones complejas, además de requerir temple, nos llevan a poner límites y ralentizar o frenar determinados voluntarismos. Cuando incorporamos la templanza en un ámbito tan *sui generis* como la negociación, un campo donde siempre prevalece la tensión y el conflicto, hemos de recuperar el sentido profundo y antropológico de esta virtud, que ha caído un poco en desuso, pero no por ello es menos necesaria o incluso providencial.

La templanza es la virtud moderadora de las sapiencias humanas. Cuando alguien es templado, que ejerce la templanza o tiene temple, como se dice de manera más coloquial, lo primero que notamos es su *quies animi*, es decir, la quietud de espíritu de la que hablaba la escolástica. La templanza es una cuestión de "realizar el cosmos", como decían los filósofos griegos, en la propia esfera personal. Templanza es realizar el orden en el propio yo, es una especie de auto conservación, un hábito que pone por obra y defiende la realización del orden interior del ser humano. La templanza no sólo conserva, sino que además defiende y guarda al ser protegiéndolo de sí mismo, dado que en el ser humano anida también una fuerte tendencia a ir contra la propia naturaleza.

En un sentido práctico, ser templado es tener fuerza de voluntad, dominio de sí mismo y capacidad de poner límites; no es ser frío, indiferente o mediocre, sino saber llegar al justo medio de una negociación e identificar si el proceso se desarrolla correctamente. Una persona templada preferirá, por ejemplo, invertir en un producto conservador y renunciar a obtener mayores beneficios si esto se traduce en ser fiel a sus clientes. Una falta de templanza sería equivalente a despersonalizar un negocio con tal de recibir enormes sumas de dinero. "No podemos ser como esos hombres que parecen guiarse por la economía, de tal manera que casi toda su vida personal y social están como teñidas de cierto espíritu materialista"[12], dice la Constitución Gaudium et Spes. Cuando ponemos los bienes económicos como fin y pensamos que en ellos están la felicidad y la plenitud, nos llenamos de ansiedad por adquirirlos, olvidando fácilmente el sentido de la negociación, que es el enriquecimiento integral del género humano.

[12] COSN VAT 2, Constitución Gaudium et Spes 63

Cuando hablamos de la templanza, presuponemos que los bienes de los que nos servimos en la negociación son objetivamente buenos, y en esa medida han de ser manejados. Cuando no se utilizan los medios como instrumentos, se convierten en tiranos y esclavizan. Por lo tanto, para una buena negociación, es necesario que nos habituemos a ejercer la templanza. El hábito da valor instrumental a los medios y evita a la solicitud desmedida (característica de la sociedad de consumo), nos ayuda a prescindir de lo superfluo y a moderar la ambición. La templanza le devuelve al ser humano el señorío sobre las cosas.

No se puede ser un negociador realmente prudente ni del todo justo y fuerte si no se posee también la virtud de la templanza. Ésta condiciona indirectamente a todas las demás virtudes, pero se debe decir también que todas las demás virtudes son indispensables a fin de que el ser humano pueda ser moderado en el uso de los medios. El moderado es dueño de sí mismo; en él, las pasiones no consigan la superioridad sobre la razón, la voluntad y el corazón. Ese es el valor fundamental y radical de la virtud de la templanza, indispensable para que el ser humano alcance la plenitud. Basta mirar a las personas que han empezado un negocio y se han visto arrastradas por sus pasiones, convirtiéndose en sus víctimas y renunciando al uso de la razón. La pasión dominante sobre la razón, sin embargo, nada tiene que ver con esa sana dosis de apasionamiento que necesita todo emprendedor para desarrollar un negocio.

Una manifestación de la templanza en el mundo de los negocios es la capacidad de ahorro, porque ésta requiere un ejercicio de planificación y organización que involucra a la razón y a la voluntad. Quien planifica tiene una visión de horizonte y no una cortoplacista, escoge los medios en virtud del fin al que pretende llegar. La mentalidad de ahorro comporta, además de una visión a largo plazo, una mirada positiva acerca de la realidad, pues reconoce que el valor instrumental del dinero va más allá del mismo dinero. Es decir, el fin último no es la ambición de acumular, no es la codicia sino la obtención de un bien mayor. Una posibilidad colateral del ahorro es generar espacios de participación y una red de solidaridad que funciona independientemente del nivel económico que uno tenga. Por ejemplo, en la empresa de economía social española de inversión y cooperación, personas de clases menos beneficiadas han desarrollado el hábito del ahorro. Éste es capaz de generar sinergias dentro de un entorno homogéneo de personas que tienen los mismos fines fundamentales, aunque partan de necesidades o intereses distintos.

Al explorar la templanza nos introducimos en la dimensión afectiva del ser humano, una de las más complejas y menos comprendidas en el mundo de los negocios. Es vital que esta dimensión humana esté bien ordenada y ensamblada. Aunque todos somos susceptibles de desorden, como señala San Ignacio de Loyola, hay ejercicios espirituales que nos permiten ordenar los afectos.

La templanza actúa en la estructura psico-afectiva o volitiva del hombre como una especie de bisagra entre lo que se entiende y lo que se hace. Dicho de otro modo, yo puedo tener una preparación intelectual preclara sobre los instrumentos que se ponen en juego durante una negociación; puedo tener una experiencia que me permita adelantarme en un trato, siendo económicamente exitoso en sus predicciones; puedo tener la formación más excelente y el nivel intelectual más alto, que en principio me aventajarían en la persecución del objetivo último de la negociación. Sin embargo, esa inteligencia afortunada requiere tener una voluntad bien forjada, es decir, los mecanismos volitivos para poner en marcha dichos criterios de actuación. Sin una afectividad o quietud de ánimo suficiente, sería inviable una actividad armónica que integre mi potencial para ir más allá del conflicto inherente en la negociación. Lo contrario de esta quietud de ánimo puede ser un entrampamiento al negociar con otros, porque si no modero la afectividad, puedo romper la armonía del otro y desde el subconsciente crear una barrera en la negociación.

La Organización Nacional de Ciegos Españoles (ONCE) realiza cada año la rifa de un premio y los invidentes se encargan de vender los boletos. Quizás no te toque el premio, pero la relación con el invidente es más valiosa que cualquier ganancia, porque al hacer un intercambio con esa persona recordamos que el sentido del tacto y el contacto físico, que damos por hecho y pocas veces le otorgamos importancia, tienen un valor afectivo enorme en las relaciones humanas. Esto se hace más evidente cuando trabajamos con personas de otras culturas. Por ejemplo, en la cultura árabe, el contacto físico es tan cercano que uno siente que el otro está invadiendo el espacio vital y puede sentirse intimidado. Algo similar ocurre con ciertas culturas latinas, en donde los abrazos forman parte de la camaradería y consolidan la confianza, algo muy distinto a lo que se da con personas de culturas más "frías", en las que el contacto físico o la cercanía al hablar se toma como una falta de respeto.

En situaciones de negociación, necesitamos integrar la dimensión afectiva y cultural para evitar caer en malos entendidos. La templanza, el dominio de sí mismo, es una virtud que integra todas las facultades del ser humano de una manera armónica, y la sensibilidad es una de esas facultades. Tocar, persuadir con las manos, te lleva hasta el subconsciente y coordina todo lo verbal con lo no verbal. Esta interacción pone en juego al discernimiento, que nos permite separar los elementos sanos e insanos, saber qué es bueno para ambos y qué no. Esto es absolutamente necesario para tomar una decisión justa y acertada que no dependa de los actores, hacer un discernimiento previo para entender desde dónde y cómo miro a los involucrados. La falta de discernimiento oscurece la voluntad, la recta razón y la ética, porque el discernir es descubrir la verdad, saber qué es lo más conveniente y ejecutar con rectitud.

LOS DOS AMORES ETERNOS

Quiero compartirles una historia en la que pude integrar el ámbito profesional y el afectivo gracias a la templanza y el discernimiento. Aunque es una historia de amor, no es un relato cualquiera.

EL ENAMORAMIENTO

Desde muy niño, mis padres me inculcaron la costumbre de salir de viaje a todos los lugares que nuestro presupuesto alcanzara. Cuando era un joven adolescente y gracias a mis padres, tuve la dicha de conocer a mis dos amores, dos ciudades que nunca olvidaré. El amor de adolescencia que sentí por estos dos lugares no se ha desvanecido con el paso del tiempo, al contrario, cada vez se parece más a lo que siento por mi único amor verdadero, mi esposa Marcela, a quien conocí en una edad más madura: cuanto más la conozco, más la adoro. Eso mismo me pasa con estas dos ciudades, dos puertos en dos continentes distintos. Me enamoré de ellos sin entender el porqué; ahora, después de casi 40 años, el enamoramiento continúa con una pasión más intensa.

El primer lugar se llama Cádiz, España. El estar frente al mar en un puerto fenicio me marcó para toda la vida, pero aún más el encontrar en el museo de Cádiz el sarcófago de un personaje masculino fenicio, que hasta entonces era el único que se había descubierto en el puerto.

Sarcófagos antropoides fenicios, museo de Cádiz, España.

El primer amor, Playa la Caleta, Cádiz, España.

No sabía si el destino me volvería a llevar ahí de nuevo, igual que cuando conoces a una persona que te atrae en otro país, durante un viaje, y no sabes si volverás a verla. Piensas que tu memoria no la recordará, pero no fue el caso con Cádiz, que se quedó en el recuerdo como un lugar mágico.

Lo mismo me sucedió con un puerto mexicano que, para mí, en la adolescencia, lo tenía todo: Puerto Vallarta, Jalisco. A pesar de conocer otros lugares de México, había algo en aquel pueblo que nunca olvidaré. Al igual que Cádiz, tenía el mar, el puerto y sobre todo la gente; me impactó mucho su amabilidad, además de los sitios para pescar y la magia del lugar. Puerto Vallarta tiene un encanto inexplicable, y aunque no volviera nunca más, los recuerdos agradables que permanecieron en mí marcarían positivamente mi vida.

El segundo amor, Puerto Vallarta, México.

LA PASIÓN

Algunos piensan que la pasión es momentánea y efímera, pero el tipo de pasión de la que hablo no pasa rápido, es un amor que perdura y te entusiasma más conforme vas conociéndolo. En lugar de olvidar, empiezas a crear fantasías, y mientras tus expectativas no se derrumben, se incrementa la pasión. Es algo que sólo he experimentado con mi familia, con mi trabajo y con estas dos ciudades. Me pregunto cuál será la razón y no tengo respuesta, sino una interpretación de mi propia experiencia. En la vida, lo que te apasiona es lo que te encuentra con tu ser. Cuando enriqueces tu ser, estás lleno de pasión, cosa que ningún tesoro del mundo puede comprar.

Aunque no soy oriundo de Cádiz ni de Puerto Vallarta, la pasión que siento por estas dos ciudades es inexplicable. Sin saberlo inicialmente, se convirtió en un motor que ha impulsado mis acciones. Un buen día, me invitaron a Puerto Vallarta a impartir unas conferencias. Sin querer, me convertí en amigo de la comunidad vallartense y continué visitándolos, dando cursos y charlas a hoteleros, comerciantes y a la comunidad en general. El periódico *Vallarta Opina*, Don Luis y todo su equipo, fueron promotores muy importantes para que esto ocurriera.

Por otro lado, mi apasionamiento por la cultura fenicia hizo que me nombraran presidente del Centro Internacional de Investigación Fenicia (PIRC, por sus siglas en inglés), cuyo propósito es difundir esta cultura y proteger sus vestigios. Salim Khalaf, su director y creador de Phoenicia.org, la biblioteca más grande en internet sobre historia fenicia, me contactó un día. Junto con el Dr. Nick Kahwaji, me pidieron que contactara a paleopatólogo de Cádiz, el doctor Manolo Calero, porque habían hecho un descubrimiento importante en el puerto y consideraba que el doctor Calero y yo debíamos colaborar en la difusión. Al contactar con Manolo, nos hicimos excelentes amigos, y gracias a él entablé relación con el principal arqueólogo de la ciudad de Cádiz, José Gener, que ahora también es un buen amigo al igual que su equipo de investigación. Cuando les compartí mi ilusión de regresar a Cádiz con Marcela y nuestros cuatro hijos, Habib, Emile, Antoine y Marcelle, acogieron mi deseo con gran entusiasmo.

Al visitar de nuevo Cádiz, redescubrir cada esquina, cada rincón de aquel fabuloso lugar de mi adolescencia, fue un deleite increíble. Conocí más amigos y me adoptaron como un gaditano que regresa a casa. Don Enrique García Agulló me invitó a impartir una conferencia de mi libro *Negociando como un fenicio* en Cádiz, un lugar que había sido fundado por los fenicios. Imagínense, ¡qué emoción para mí! Fue en ese viaje cuando se me ocurrió juntar mis dos pasiones, hermanar las ciudades de Cádiz y Puerto Vallarta para que el mundo conociera sus bondades.

EL HALLAZGO

La visita emocional a estos lugares que tanto me habían marcado desde la mirada de un adolescente, ahora con hijos adolescentes, me dio una visión y un sentido.

Manolo y José me habían invitado, junto con mi familia, a ver los descubrimientos más recientes de la ciudad. ¡Y qué bárbaro!, era lo más emocionante que me había sucedido desde mi adolescencia. Por primera vez estaba frente a un esqueleto fenicio y a toda una ciudad fenicia que estaba siendo excavada bajo el edificio del Teatro Cómico. Tuvimos la fortuna de ser de los primeros en conocer el lugar de este increíble descubrimiento.

El esqueleto fenicio, bautizado originalmente como Valentín (por haberlo encontrado un 14 de febrero), tenía 2,600 años antigüedad. Tras ser sometido a varios estudios de ADN, pioneros en el rubro, se desentrañaron

El Cómico, un antes y un después. Fuente: El diario de Cádiz, Virginia León. Foto Cortesía Ayuntamiento de Cádiz España, fotógrafo Manuel Fernández

sus orígenes y la causa de su muerte. De unos 30 años y 1.77 metros de estatura, era hijo de una relación mestiza (un origen materno europeo, fenicio por parte de su padre). Esto confirmó la integración de mujeres ibéricas en las colonias fenicias para garantizar la viabilidad reproductiva del grupo. Valentín había muerto de forma violenta durante un incendio, posiblemente durante uno de los asedios que sufrió la ciudad de Cádiz, que entonces se llamaba Gadir. Junto a los restos del mestizo Valentín se encontraron dos cuerpos más, uno de origen fenicio y otro que mostraba señales de una muerte violenta. Valentín, que después recibiría el nombre fenicio de Mattán, permitió estudiar los hábitos alimenticios, muchos de ellos reveladores de su cultura.

El resto de los hallazgos de la antigua ciudad de Gadir se encontraron bajo el hoy Teatro de Títeres la Tía Norica, y a nueve metros de profundidad del solar del antiguo Teatro El Cómico. Gracias a un complejo sistema de pilotaje, han resurgido calles pavimentadas, casas, talleres, hornos, vajillas, cerámicas, una necrópolis e incluso una factoría de salazones que data de la época romana. Este yacimiento de tres mil años develó la primera época de esplendor comercial de la actual Cádiz. El nuevo enclave arqueológico ha permitido constatar las fechas su fundación y ha situado a Gadir como un importante núcleo de operaciones comerciales en las rutas marítimas de la Antigüedad, hasta liderar el denominado Círculo del Estrecho.

El empuje del Ayuntamiento de Cádiz, con el respaldo económico de los Fondos Feder y el IEDT de Diputación han sido cruciales.

"La ciudadanía de Cádiz siempre ha estado concienciada con su pasado fenicio y lo hace suyo. Cuando tengamos la oportunidad de poder acceder a este lugar y la gente entienda y vea lo que sabíamos por la leyenda, será realmente importante." Estas palabras de Ana Niveau, profesora del Departamento de Historia, Geografía y Filosofía de la UCA, me llevaron a reforzar mi deseo de hermanar Cádiz con Puerto Vallarta.

En el teatro El Cómico, construido sobre la extinta ciudad de Gadir, se encontraron los restos del fenicio Valentín.
Foto: Manuel Fernández, cortesía ayuntamiento de Cádiz, España.

Vestigios de la antigua ciudad fenicia de Gadir.
Foto: Manuel Fernández, cortesía ayuntamiento de Cádiz, España.

¿Vale la pena el esfuerzo sin tener un horizonte claro sobre qué sucederá? También me preguntaba si valía la pena seguir promoviendo la cultura fenicia sin recibir frutos económicos, además del costo que implicaba cada viaje. Pero algo que retumbaba en mi subconsciente generó la suficiente energía motriz para seguir adelante. Sin tener ningún proyecto tangible o una razón específica, parece no tener sentido involucrarse en una empresa, pero es ahí es cuando el discernimiento me ayudó a ver por qué valía la pena, y la templanza, a integrar mi afectividad como motor del proyecto.

LA PUESTA EN ACCIÓN

¿Qué hacer con toda la información encontrada por los arqueólogos e investigadores? ¿Cómo mostrarle al mundo esos maravillosos descubrimientos? A través del proyecto “Valentín, el Fenicio Viajero”, se ideó una ruta desde Cádiz hasta Puerto Vallarta para contar el redescubrimiento de América. La idea era difundirlo mundialmente para dar a conocer los dos destinos turísticos e históricos. Con esta idea se produjo un video en la Universidad IMADEC en Austria para llevar la información a los grandes museos del mundo y promover los descubrimientos. Las delegaciones de turismo de Cádiz y Puerto Vallarta –mi agradecimiento para ellas– aportaron los videos promocionales de los dos lugares.

Con los videos se impartieron conferencias y entrevistas en televisión, radio y los medios escritos, tanto en Puerto Vallarta, como en Cádiz, para motivar a las comunidades de los dos puertos a involucrarse en el proyecto. Logramos que la alcaldesa de Cádiz, después de mucha insistencia, firmara un convenio de colaboración y promoción en medios de comunicación. Para llegar a este punto, se hicieron varias presentaciones en México sobre el destino turístico a través de la ruta fenicia. Además, diseñamos un curso de maestría de negociaciones internacionales y diplomáticas desde Houston, Paris, Madrid y hasta Cádiz con estudiantes de varios países, incluyendo Arabia Saudita.

Después, en un viaje académico de la Maestría de negocios, hicimos contacto con otras organizaciones y firmamos un acuerdo para de cooperación para desarrollar proyectos educativos, patrocinios, viajes de estudio, conferencias y seminarios, entre ellos, un simulacro de negocios del proyecto ICONS de la

Universidad de Maryland; un curso de verano enfocado en negociación como parte del programa de MBA que incluyó un curso de diplomacia y negociaciones culturales en NOVANCIA Business School; una conferencia sobre diplomacia en la embajada de México en Francia a cargo del ministro José Félix Polanco; un curso intensivo en el Centro de Estudios Universitarios de San Pablo Business School sobre negociación y resolución de conflictos, así como la influencia de los fenicios en el cristianismo (Hernán Pereda Bullrich), ética y liderazgo (Sergio Cardona Patau y Padre Enrique Martín Baena), la herencia fenicia de la Península Ibérica (Dr. Carlos G. Wagner) y Responsabilidad Social (Maria Ruspoli). El viaje de estudios concluyó con una gran clausura en Cádiz, donde impartí una conferencia llamada "Regalos fenicios a la humanidad."

Mientras tanto, en México se publicaron los descubrimientos fenicios de Cádiz y se realizaron varias conferencias en Puerto Vallarta sobre cómo promover esta ciudad en el mundo. Gracias al periódico *Vallarta Opina* y a Don Luis Reyes Brambila, se impartieron conferencias con el afán de brindar una mejor calidad de vida a la comunidad vallartense, y se organizaron varias charlas gratuitas para despertar la conciencia sobre las nuevas estrategias de promoción turística en el extranjero, por ejemplo, el hermanamiento con la ciudad de Cádiz.

EL DESALIENTO

Había enfocado mi esfuerzo en realizar actividades de promoción, desarrollar relaciones y compaginar los intereses de los involucrados para firmar un acuerdo de colaboración entre los dos puertos y difundir la cultura de ambos países. Sin embargo, al cabo de tres años, sólo había conseguido la firma de la alcaldesa de Cádiz. Para motivar la firma del presidente municipal de Puerto Vallarta se hicieron varias publicaciones promoviendo el lugar entre los estudiantes de Arabia Saudita, los militares de Cádiz y hasta la Reina Sofía de España. Además, se trató el tema en un congreso de negocios, en un debate con el cónsul general de España en México, Miguel Ángel Fernández de Mazarambroz Bernabeu, así como en el Tecnológico de Monterrey campus Querétaro, en la carrera de Negocios Internacionales. Finalmente, seguimos en espera de la firma.

La templanza en este proceso de hermanamiento me ha mostrado que uno tiene que ser respetuoso con los procesos temporales para generar sinergias, evitar voluntarismos, no precipitar la negociación para poder llegar a un desenlace abrupto y sumar factores en lugar de dividir a la partes. Para lograr una empatía entre todas ellas se necesita la virtud de la templanza. Por esta virtud he sido capaz de aunar voluntades, partiendo siempre de puntos de acuerdo y no de desacuerdo. La verdad subjetiva condiciona una mirada objetiva de la realidad, es por ello que la templanza, la prudencia y la justicia ayudan a actuar en conformidad a ella y no en discrepancia.

EL COMPROMISO

A pesar de la desilusión, la esperanza no muere y el proyecto continúa. Un negociador no se deja vencer por las bajadas que da la vida. Ningún proyecto es lineal, hay subidas y bajadas y hay que saber esperar el tiempo que haga falta. La prudencia y la paciencia son una herramienta imperativa para un negociador exitoso.

Por lo pronto, ya están visualizados los proyectos artísticos y culturales de intercambio entre los dos puertos. Una exposición sobre la cultura maya se está contemplando para su acogida en Cádiz. También hemos visualizado una exhibición itinerante sobre la cultura fenicia que pasaría por Houston, el puerto de Veracruz, así como otros puertos mexicanos, antes de llegar a Puerto Vallarta en un futuro no muy lejano.

CONCLUSIÓN

Dicen que una persona es exitosa en la vida cuando encuentra su pasión y la sigue. Si logra transmitir esa pasión a miles de personas, se es aún más exitoso. En el caso de Cádiz y Puerto Vallarta, más importante que el hermanamiento es todo lo que ha florecido alrededor del proyecto. La idea de recorrer la ruta fenicia ya se ha promovido desde la alcaldía de Cádiz. El proyecto ha sido muy exitoso pues ha atraído cada vez más turistas entusiasmados por la historia de esta joya. Puerto Vallarta, a su vez, ha tenido mucho auge estos últimos años como destino turístico.

Proyectos como el hermanamiento de Cádiz y Puerto Vallarta requieren de muchos años para fructificar, sobre todo cuando los gobiernos cambian. El que los proyectos sean independientes de los cambios de gobierno es una área de oportunidad en la que seguimos trabajando.

La templanza como virtud moderadora es muy importante para el negociador en proyectos de esta envergadura, en los que es necesario moderar voluntarismos y llegar objetivamente a soluciones que satisfagan a la mayor parte de los involucrados.

CAPÍTULO VI

EL DISCERNIMIENTO

Saber elegir el camino es importante en una negociación.
Ilustración: Antoine Chamoun-Farah.

ELEGIR POR LA VÍA DEL DISCERNIMIENTO

Hoy somos conscientes de que cierta publicidad resulta agresiva e irrespetuosa para muchos grupos de personas. Además de los mensajes explícitos, hay otros subliminales que escapan al juicio de la razón y que, sin embargo, movilizan la parte más primaria e instintiva del ser humano, anulando la subjetividad y la posibilidad de raciocinio. Hoy también nos enfrentamos a un relativismo que nos dice que es imposible conocer la verdad, donde todo parece tener el mismo valor porque "lo que es bueno para ti a lo mejor es malo para mí". En este momento de la historia, es preciso que nos hagamos preguntas éticas y que recuperemos aquellos principios que son inmutables, independientemente de las circunstancias históricas.

El discernimiento es indispensable en el proceso de comprensión de nuestra realidad. Del griego *krínein*, que significa cribar o separar, el discernimiento se refiere la disciplina psicológica y espiritual que nos permite distinguir pensamientos y sentimientos y valorar acciones; es la aplicación práctica de la virtud de la prudencia. Discernir nos ayuda a afinar la distinción de eso que *a priori* parece tener el mismo valor y que de hecho no lo tiene.

Josep Vives, en su ensayo *Principio y fundamento del discernimiento cristiano*, dice que el ser humano tiene "la necesidad de buscar el bien y distinguirlo del mal, la necesidad de descubrir incluso más el bien que el mal, de distinguir entre lo bueno y lo menos bueno, entre lo más bueno y lo óptimo, a partir de indicios que nos vienen dados por la misma realidad desde fuera y que no son simplemente elegidos desde cada uno de nosotros". Así, el discernimiento es esencial y constitutivo del ser humano como ser orientado a actuar con libertad y responsabilidad en relación con Dios, si es creyente, y en relación con el entorno y con los demás aunque no fuera creyente. Vivir actuando humana y responsablemente es vivir discerniendo en una u otra forma.

Todos los seres humanos tenemos la capacidad del discernimiento; en su ejercicio recurrimos a tres de nuestras dimensiones: inteligencia, afectividad y voluntad. La capacidad de discernir libera al sujeto, por ejemplo, de la influencia más o menos explícita de personas nocivas. De ahí que nuestro modelo de negociación haga más énfasis en la dimensión racional y afectiva del sujeto, que en el puro instinto de competir para ganar. Nuestro modelo de ser humano no se mueve por impulsos ciegos, instintivos o caprichosos, sino por una inteligencia sensible. El discernimiento tiene un valor instrumental, no es el fin sino el medio a través del cual nos preparamos para tomar una decisión. Elegir bien implica discernir bien, por eso es clave para una buena negociación.

Hay cuatro tipos de decisiones personales que influyen en una negociación:

1) **La preferencia.** En la negociación se elige una posibilidad no porque sea la única probable, sino porque aventaja a las otras, aun siendo asequibles (mejor alternativa al acuerdo negociado = MAAN). Por otro lado, la decisión madura dentro de una negociación se asienta sobre justificaciones interiores que derivan del aprecio por lo que se elige: me comprometo con algo porque creo en ello, y dicha decisión nace de mi libre voluntad. Por lo tanto, en la negociación es muy importante saber cuál es mi preferencia y si ésta nace de mi mundo interior. Cuanto más capital moral de principios tengamos, más fuertes van a ser nuestras motivaciones, más consistentes nuestras preferencias y más trascendentes nuestras negociaciones. Recuerdo que cuando estaba a punto de tomar la decisión de estudiar un Post-Doctorado, tenía la opción de hacerlo en Francia o en Inglaterra. A pesar de haber sido aceptado en las mejores universidades de Inglaterra, mi preferencia era vivir en Francia por la ventaja de aprender un tercer idioma. Esa motivación interior me hizo reflexionar y no dudar cuál era mi preferencia. Sin embargo, esa decisión no hace desaparecer a la mejor alternativa al acuerdo negociado (Francia), es decir, la posibilidad de ir a Inglaterra.

2) **La renuncia.** El impasse en una negociación (es decir, cuando se elige no decidir) señala una mala dirección, pero es al fin y al cabo una decisión. Cuando se compromete la voluntad en una

negociación, es mejor decir que no podemos seguir adelante, a seguir "mareando a la perdiz" o hacer al otro perder el tiempo sin llegar a nada concreto. Si pretendo dar un sentido constructivo a mi jornada, por ejemplo, debo renunciar a los deseos que me lo impiden: dormir, fantasear, asumir una actitud pasiva, evitar inconveniencias, etcétera. Es mejor decirle al otro: "No voy a la reunión porque no veo muy claro cuál es el objetivo y prefiero que lo aclaremos primero", que estar dudando: "Quizás nos vemos, pero sólo si termino mi proyecto".

3) **La relación con el pasado.** Cada decisión en el contexto de negociación, incluso aquella que parece banal o poco significativa, tiene su historia y siempre dice algo de nosotros. Está inevitablemente unida con opciones precedentes o con un estilo de vida ya experimentado. Es decir, cuando estoy negociando, pongo en diálogo toda mi tradición, la de mis abuelos y mis padres, con la realidad presente. No partimos de un punto neutral, sino de una historia que nos precede. De ahí la importancia de la negociación transgeneracional. Hay que tener en cuenta que no existe opción tan "pequeña" que no pueda condicionar las sucesivas. En la negociación, los pequeños gestos tienen mucha importancia. Si he insultado a un cliente, aun cuando la relación continúe, por pequeño que haya sido el incidente, será una piedrita en el camino para la próxima negociación. Otra forma de entender el sentido transgeneracional es la siguiente: cuando estoy a punto de tomar una decisión de vida o muerte, me

pregunto qué hubiera hecho mi padre, abuelo, tío o alguna persona del pasado a la que yo respete y que haya dejado huella en mí. Su posición en el pasado es una referencia para mi negociación presente.

4) **Orientación hacia el futuro**. Elegir en una negociación es como diseñar un marco: es necesario señalar los límites y distinguir entre el espacio interior y el que queda fuera. Este espacio interior deberán llenarlo las decisiones futuras. La condición del compromiso es muy importante, pues incapacita a la persona a revertir su propia decisión; debe mantener una actitud inequívoca hacia la alternativa elegida y renunciar a la otra. Tal renuncia dará un contenido de motivación y alegría a la alternativa elegida. En la raíz de la decisión no hay una evidencia matemática, muchas veces se trata de un acto libre basado en una certeza moral. Si queda algún un residuo de inseguridad intelectual, sólo se puede superar intentándolo y arriesgándose. El mantener el compromiso es clave, habla no sólo de la integridad de la negociación, sino también del negociador. Recuerdo una ocasión en la que me habían invitado a impartir una charla sobre negociación a un sindicato de trabajadores. La cita era a media mañana en una ciudad cercana a la Ciudad de México. Faltaban pocos días para esa conferencia cuando me invitan a una comida en honor a la llegada del presidente del Líbano a la Ciudad de México. Era el mismo día y casi a la misma hora que la conferencia. A pesar de la importancia y magnitud que para mí tenía la visita

del mandatario libanés, no pude asistir porque ya había adquirido un compromiso con el sindicato de trabajadores. Para mi sorpresa, cuando llegué al lugar de la conferencia tras varias horas de camino, me encontré con un complot al líder sindical organizador: para hacerlo quedar mal, nadie se presentó a la conferencia, a pesar de haber checado horas antes que la asistencia confirmada era de 200 personas. Esta lección aprendida me dejó muy satisfecho, porque yo cumplí mi compromiso y mi responsabilidad es sólo mía; lo ocurrido en el sindicato no era un asunto que yo pudiese controlar, ellos tenían un problema interno de compromiso y lealtad.

Una persona decidida generalmente tiene cuatro características:

1. Demuestra constancia y fidelidad.
2. Es más capaz de resistir a las adversidad dentro de la negociación.
3. Su hablar y su hacer le dan la capacidad de ser un agente de cambio social.
4. Es una persona que vive bien sus relaciones.

En la persona del negociador, estas características se traducen en rasgos de tipo sistémico, es decir, que integran las partes al todo.

En este carácter integrador, el discernimiento es crucial:

a) **El buen negociador interactúa bien entre el mundo interno y externo.** Es decir, tiene la habilidad para tratar con la novedad y para automatizar tareas.
b) **El buen negociador integra todas las inteligencias.** Solemos asociar este rasgo más al coeficiente intelectual que a la capacidad de aprender y la habilidad para adaptarse. Hoy está tomando más relevancia la adaptación al medio y la selección al entorno, además de la experiencia. En una negociación intervienen varias dimensiones de la inteligencia (lingüística, lógico-matemática, espacial, musical, corporal, sinestésica, intrapersonal e interpersonal, además de la inteligencia emocional). Por lo tanto, en la medida en que un negociador pueda integrar estas dimensiones, estará en mejores condiciones para discernir y elegir, ya que esta diversidad describe de una manera más perfecta la compleja realidad humana.
c) **El buen negociador oscila entre dos polos.** Reservado-abierto, sumiso-dominante, sobrio-descuidado, cohibido-emprendedor, confiable-suspicaz, práctico-imaginativo.
d) **El buen negociador integra las cuatro virtudes cardinales**: prudencia, justicia, fortaleza y templanza. De ese modo, interactúa mejor con la realidad integrando las partes al todo.
e) **El buen negociador es extrovertido**. El negociador extrovertido es aquel que vive abierto,

atento y atraído por la realidad. Hay un principio pedagógico que dice: "lo contrario a estar distraído no es estar atento, sino estar atraído". La negociación se mueve más por atracción que por atención voluntarista, y para atraer, hay que conectar. Un negociador extrovertido es capaz de establecer conexiones con el todo. Por ejemplo, incluye rasgos primarios de sociabilidad, actividad, vitalidad, asertividad, dominio, búsqueda de sensaciones y despreocupación. La apertura mental del negociador implica, al mismo tiempo, un amplio sentido de la estética (orden y belleza, diría Santo Tomás) y la integración de sentimientos, acciones, ideas y valores. La voluntad o minuciosidad del negociador se muestra muchas veces en forma de competencia, orden, sentido del deber, necesidad de logro, autodisciplina y deliberación o discernimiento. La extroversión incorpora a este proceso rasgos de cordialidad, gregarismo, asertividad y predominio de emociones positivas. La sensibilidad hacia las relaciones interpersonales se concreta en actitudes de confianza, franqueza, altruismo, actitud conciliadora, modestia y comprensión hacia los demás. Cuanto más neurótico sea el negociador (lo contrario a la estabilidad emocional), la persona tendrá niveles más elevados de ansiedad, hostilidad, depresión, impulsividad o vulnerabilidad.

Por más que el negociador tenga dichos rasgos, de nada sirven si no hay un orden o un procedimiento ideal para lograr objetivos y dar estabilidad a cualquier proceso de negociación.

Aquí contemplamos, al menos, siete pasos:

1. Estudiar a fondo una amplia variedad de alternativas de acción.
2. Tomar conciencia de los objetivos que se quieren lograr y de los valores que implica la decisión.
3. Valorar cuidadosamente lo que se sabe de las consecuencias negativas y positivas que pudieran derivarse de cada alternativa.
4. Buscar nueva información relevante para poder evaluar mejor las alternativas.
5. Poner atención a cualquier información nueva o sugerencia de otro experto. Incluso, cuando tal información no apoye la alternativa, que parece más atractiva.
6. Antes de tomar la decisión final, volver analizar las consecuencias positivas y negativas de todas las alternativas conocidas, incluidas aquellas que en un principio se consideraban inaceptables.
7. Prever detalladamente la ejecución de la acción elegida, prestando especial atención a los planes de contingencia necesarios por si alguno de los riesgos conocidos se materializa.

Consideramos que si no se logran satisfacer todos estos criterios, habrá fallos en el proceso de negociación, y cuanto más se trabaja en estos pasos o procedimientos, mayores serán las probabilidades de éxito.

ETAPAS DECISIVAS EN LA NEGOCIACIÓN

El discernimiento es la capacidad de prepararse para la elección. Esta serie de pasos, en nuestra experiencia, ayudarán mejor al negociador trascendental a hacer uso de las herramientas con las que cuenta.

1ª etapa: Valorar la nueva situación
El proceso comienza cuando la persona tiene ante sí un reto. Se enfrenta a una nueva situación y se pregunta sinceramente: ¿corro riesgos serios si no modifico mi conducta? Si la respuesta es afirmativa, la persona comienza a explorar alternativas.

2ª etapa: Examinar las alternativas
Una vez que la persona duda de que su conducta habitual le sirva para afrontar el nuevo reto, comienza a buscar alternativas que le conduzcan al logro de los objetivos. En esta etapa es importante recabar información valida. Por ejemplo, un par de preguntas que debería plantearse son: ¿Esta alternativa es la mejor para alcanzar el fin que me propongo? ¿He examinando adecuadamente todas las opciones disponibles?

3ª etapa: Valorar las alternativas
En esta etapa se consideran con sumo cuidado las ventajas e inconvenientes de cada una de las alternativas de acuerdo con los resultados esperados y las

probabilidades de alcanzar el fin que se pretende. La persona virtuosa y prudente hace una estimación de los pros y contras que pudieran derivarse de las diferentes alternativas, y valora cuidadosamente cualquier información nueva aunque ésta no apoye sus preferencias iniciales. Algunas preguntas claves sugeridas en esta etapa son: ¿Qué opción parece ser la mejor? ¿Por qué? ¿Responde a la trayectoria de mi vida? ¿Cuál de las opciones es más conveniente, no porque me guste más o porque sea más heroica, sino en relación al todo que soy como persona? ¿La mejor alternativa reúne las exigencias esenciales? Si la mejor alternativa resulta insatisfactoria, ¿se podría modificar alguna otra con el fin de que reúna todos los requisitos esenciales? En esta etapa es donde aparecen frecuentemente los síntomas típicos de la evasión defensiva en sus tres formas: diferir la decisión (la toma de decisión genera ansiedad), delegar la responsabilidad en otra persona (el inseguro necesita un máximo de certeza), o seguir la alternativa mas fácil justificándola con racionalizaciones (compensación de necesidades humanas no asumidas, típica de la persona inconsistente psicológicamente).

4ª Etapa: Reflexionar respecto al compromiso

Después de haber tomado una decisión, al menos tácitamente, hay que volver a hacerlo de manera especifica. En esta situación, el negociador virtuoso y prudente se plantea ciertas preguntas: ¿Cómo poner en práctica la mejor alternativa? ¿Cuáles son los inconvenientes u obstáculos que se pueden prever? ¿Informaré a los demás de mis decisiones? Tarde o temprano, las personas importantes de su entorno social acabarán enterándose. La posible desaprobación por parte del entorno podría conducir al negociador a diseñar ciertas tácticas sociales y planes de contingencia auxiliares para asegurar el éxito de la decisión. Durante esta etapa, la persona que tomará la decisión reexamina también la información recogida, la contrasta con las dificultades prácticas para ejecutar la decisión, piensa cómo vencerlas y hace planes de contingencia por si llegaran a presentarse contratiempos imprevistos.

5ª Etapa: Ajustarse a la decisión a pesar del *feedback* negativo

La persona normalmente se siente feliz después de una decisión acertada. Este estado idílico tarde o temprano se ve empañado por contratiempos, pero la persona no hace caso a los que tienen poca importancia y tiende a dar una respuesta negativa a preguntas clave como: ¿Corro riesgos si no modifico mi conducta? Ahora bien, si se producen contratiempos y la respuesta a la pregunta anterior es afirmativa, esta quinta etapa se convierte en la primera de una nueva decisión, sin embargo, es diferente a la primera cuando la persona ha pasado por las etapas previas para llegar a una firme decisión. Cuando se presentan contratiempos, es posible que vacile temporalmente, pero no se rinde y lleva a cabo la decisión. Se puede predecir que la persona permanecerá de forma indefinida en la quinta etapa, hasta que encuentre una dificultad tan grande que le provoque una intensa insatisfacción consigo mismo o con la conducta elegida. Si es así, reiniciará el proceso en busca de una mejor alternativa. La estabilidad de la decisión dependerá, en parte, de la cantidad e intensidad de *feedback* o retroalimentación negativa que la persona encuentre al ejecutar la decisión, así como de su capacidad para tolerarlo. Cuanto mejor haya desempeñado las tareas propias de las etapas anteriores, mayor será su nivel de tolerancia.

No siempre es fácil detectar la etapa en la que se encuentra la persona, pues si no se han resuelto antes las preguntas, seguirán apareciendo. Es conveniente aclarar que la descripción del proceso por etapas que hemos desarrollado puede resultar engañosa por dos motivos: las personas no suelen trabajar tan sistemáticamente y hay un continuo *feedback* entre las diferentes etapas. Una persona puede volver desde la tercera o cuarta etapa a la segunda.

LA NECESIDAD DEL DISCERNIMIENTO

En situaciones interculturales o interreligiosas, la necesidad de discernir es mucho mayor. Por ejemplo, si tenemos una reunión entre musulmanes, judíos y católicos o cristianos, la manera de integrar la espiritualidad y de saber qué y cómo hacer con cada persona en una negociación dependerá del nivel de religiosidad, del contexto, de las costumbres, los hábitos y la nacionalidad. Por experiencia, sé que no es lo mismo negociar con un judío ortodoxo, un musulmán o un cristiano. Una vez, cuando estaba dando clases en Turquía, mis estudiantes dejaron de escucharme para rezar. Esta situación me hizo ver que debemos entender la espiritualidad del otro y respetarla, porque es algo que no se puede negociar. Algo similar ocurrió en la final de atletismo de las olimpiadas del 2008 en Jamaica. Yo estaba dando un curso, pero los participantes querían ver a los corredores famosos jamaiquinos que estaban por calificar. Ahí tuve la posibilidad de negociar ese tiempo por otro. Para algunos, el deporte es religión o la religión es deporte.

En los casos anteriores, el discernimiento es indispensable para no caer en una forma de evangelización, que puede entenderse como una forma de justificación teológica sobre cómo percibimos la vida espiritual propia y de los demás. En este proceso, necesitamos discernir entre los principios, el medio y el fin, ser dóciles con los límites y saber qué principios no son negociables. Tal como haría un negociador extrovertido, hay que saber moverse entre los polos de la inocencia y la ingenuidad, que aunque suenan parecido, no son iguales. En una negociación intercultural no es bueno partir de la sospecha, porque ésta condiciona la inocencia y la confianza en el otro. Aunque nos mostremos flexibles para aceptar lo correcto, en la negociación no hay verdades absolutas.

Un negociador trascendental busca integrar todos los elementos para obrar con justicia y equidad en pos de un fin común. En este proceso, más vale lo menos perfecto en unidad, que lo más perfecto en división, ya que los elementos trascendentes en toda negociación son personas y valores humanos, no objetos. Los fenicios nos ofrecen un buen ejemplo de esta vocación trascendental. Ellos estaban organizados en enclaves comerciales que mantenían relaciones con grandes ciudades de costumbres distintas. Para lograr expandir su actividad comercial, hacían alianzas. Y aunque sabían que éstas no siempre eran perfectas, reconocían su valor y lo preferían por encima de la perfección que, por cierto, solía ser relativa. En agradecimiento a estas uniones comerciales, los fenicios construían templos para sus dioses en cada puerto en el que se establecían. Los grandes negociadores de Cádiz, por ejemplo, construyeron un templo en agradecimiento a su dios Melkart.

Los grandes negociadores de la historia, los fenicios, tenían muy clara la relación entre espiritualidad y negocios. ¿Y nosotros, los negociadores trascendentales del siglo XXI, la tenemos clara? ¿Un buen negociador es necesariamente alguien espiritual? ¿Lo espiritual forma parte del ser humano? Para responder a estas preguntas, vamos a analizar poco a poco varios relatos de distintas épocas.

LOS DOS LOBOS

Un viejo cacique de una tribu cherokee estaba charlando con sus nietos acerca de la vida.
"Una gran pelea está ocurriendo dentro mío, le dijo a los niños, es una pelea entre dos lobos. Uno de los lobos es la maldad, el temor, la ira, la envidia, el dolor, el rencor, la avaricia, la arrogancia, la culpa, el resentimiento, la inferioridad, la mentira, el orgullo, el egoísmo, la competencia y la superioridad. El otro lobo es la bondad, la alegría, la paz, el amor, la esperanza, la serenidad, la humildad, la dulzura, la generosidad, la benevolencia, la amistad, la sinceridad, la sencillez, la misericordia, la

verdad, la solidaridad, la compasión y la fe. Esta misma pelea está ocurriendo dentro de ustedes y dentro de todos los seres de la Tierra", concluyó el abuelo. Los niños meditaron unos instantes y uno de ellos preguntó a su abuelo: "¿Cuál de los lobos crees que ganará?". El viejo respondió simplemente: "Ganará el lobo al que alimentes."

Este relato nos habla, en primer lugar, de una lucha interior que todos compartimos, porque la dualidad es parte de nuestra naturaleza humana, independientemente de la cultura en la que hayamos crecido o la religión que practiquemos. Es nuestro poder de discernimiento el que nos ayuda a distinguir a cuál de los lobos estamos alimentando en nuestras relaciones y negociaciones.

LOS TRES PENSAMIENTOS

Los historiadores antiguos decían que en el proceso de discernimiento hay tres pensamientos o mociones que nos llevan a tomar decisiones. Una moción es un movimiento interior que se expresa en propósitos, inclinaciones, escrúpulos, etcétera. Estos tres pensamientos pueden equipararse a tres frases:

- Hay "uno propiamente mío": es aquel que define mi propia libertad y querer.
- Otros son "sugeridos por el buen espíritu": puede identificarse con Dios o las mediaciones que nos hacen crecer como personas y como entes espirituales; son los pensamientos que me manifiestan la voluntad de Dios o de ese ser trascendente a quien pido ayuda.

- Y otros más, “sugeridos por el mal espíritu”: es todo aquello que me aleja de Dios e impide que yo haga su voluntad.

Una buena regla para saber si estamos distinguiendo correctamente estas mociones en el proceso de negociación, es hacernos la siguiente pregunta: ¿Cuánta paz me procura este proceso de negociación? ¿Qué es lo que mayor paz me produce?

LA TRIADA FREUDIANA

El tercer relato (filosóficamente hablando) nos remite la división del aparato psíquico propuesta por el padre del psicoanálisis, Sigmund Freud: el Yo, el Super Yo y el Ello.

- El Yo o ego es la parte racional que nos pone en relación con la realidad y nos hace funcionar en la vida cotidiana.
- El Super Yo representa todos los pensamientos morales, éticos y aspectos sociales recibidos de la cultura. Es el “deber ser”. Consta de dos subsistemas: la «conciencia moral» y el ideal del yo.
- El Ello (Id) es la parte irracional y emocional de nuestra mente, es la parte primitiva, desorganizada e innata de la personalidad, cuyo único propósito es reducir la tensión creada por los impulsos vitales e irracionales, como el hambre, lo sexual, la agresión, el miedo, etcétera. Comprende todo lo que se hereda o está presente al nacer, se presenta de forma pura en nuestro inconsciente. Representa nuestros impulsos, necesidades y deseos más elementales.

El Yo tiene una doble finalidad: cumplir de manera realista los deseos y demandas del Ello (Id) y conciliarlas con las exigencias del Super Yo. Como ejecutor de la personalidad, el Yo (Ego) tiene que negociar las exigencias de tres fuerzas: el mundo de la realidad, el Ello (Id) y el Super Yo. Además, el Yo (Ego) tiene que conservar su propia autonomía y mantener su organización integrada.

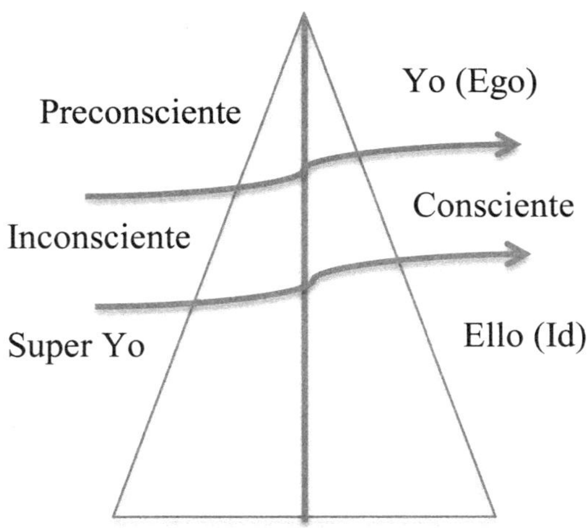

Los tres pensamientos de la época de los historiadores antiguos podrían relacionarse con la división del aparato psíquico de Freud de la siguiente manera: el Super Yo sería lo que me sugiere el buen espíritu; el Ello sería el mal espíritu; el Yo podría equipararse con las mociones del interior. Este paralelismo no es tajante, ya que hay mociones vitales del Ello que no necesariamente me alejan de la voluntad de Dios, sino que forman parte del sistema de superviviencia humana. Ahora bien, si las alimentamos excesivamente, entonces se convierten en el lobo dominante.

Estos tres relatos nos hablan de esa dimensión espiritual (*anima* o *psique*) presente en todo ser humano. Los tres coinciden en un mismo aspecto: parte constitutiva de la dimensión espiritual es el aparato o la capacidad de discernimiento. Independientemente de la tradición desde la cual interpretemos la espiritualidad, hemos de reconocer que el discernimiento es una de las maneras en que dicha dimensión se manifiesta, pues sin él seríamos incapaces de distinguir aquello que nos acerca o nos aleja de la trascendencia.

A partir de varias tradiciones de pensamiento, hemos elaborado un esquema que nos permite visualizar cómo funciona el discernimiento.

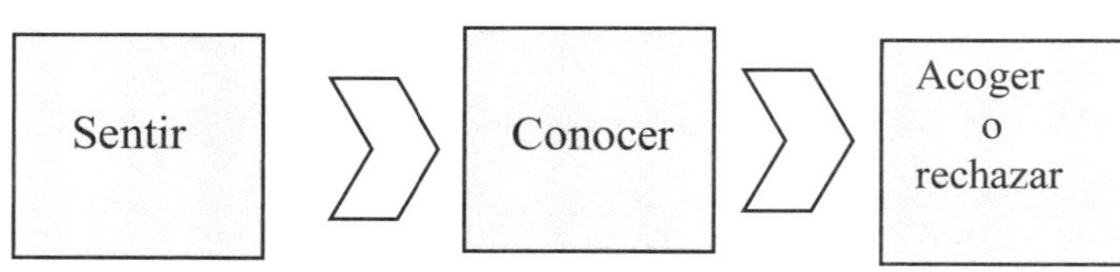

El primer paso es sentir (advertir, detectar, tomar conciencia, percibir las mociones). El segundo paso es el conocer, es el discernimiento propiamente dicho (interpretar, diferenciar las mociones, entender, analizar y reconciliar usar métodos de análisis). El tercer paso es actuar (recibir o rechazar, tomar una decisión y ponerla en práctica). En la vida cotidiana, este proceso ocurre de manera simultánea, casi irreflexivamente y en cuestión de segundos. Sin embargo, si pretendemos relacionarnos de manera trascendente, antes de actuar podemos interponer la pregunta de los antiguos historiadores: ¿Cuánta paz me procura este proceso de negociación?

Para concluir este apartado, quisiera compartir un último relato que aparece en el libro *Un adelanto del cielo*.

> Ocurrió durante un mes de voluntariado en las vacaciones de verano. Cuando llegamos a Nairobi (Kenya), nos preguntábamos cómo nosotros, inexpertos universitarios, podríamos ayudar en aquella África sucia, polvorienta y calurosa. Quizá arreglando tejados, pero no teníamos experiencia en construcción. Quizá pintando un colegio, pero no sabíamos de pintura. Lo que sí teníamos claro era nuestra intención de darnos totalmente a los demás. Sin embargo, recibiríamos mucho más de lo que logramos dar: tuvimos la suerte de entrar en contacto con el Tercer Mundo a través de un alojamiento para niños moribundos de las Hermanas de la Caridad en Nairobi.
>
> Todos entramos en aquella casucha, un tugurio sin muebles, con poca luz. Contrastaban las hamacas llenas de niños enfermos y lloriqueando con los limpísimos trajes talares blancos y azules de las Hermanas de la Caridad, que rebosaban alegría. Yo

me quedé bloqueado, en mitad de la habitación. Nunca había visto nada así. Mis compañeros universitarios se esparcieron por las estancias, siguiendo a distintas monjas, que requerían su asistencia.

Una hermana me preguntó en inglés:

¿Has venido a mirar o quieres ayudar?
Sorprendido por tan directa pregunta y en estado de sopor, balbuceé:
–A ayudar…
–¿Ves a ese niño de allí, el del fondo que llora?
Lloraba desconsoladamente, pero sin fuerza.
–Sí, ése –le dije señalándolo–.
–Bien: tómalo con cuidado y tráelo. Lo bautizamos ayer.
Lo noté con una fiebre altísima. El niño tendría un par de años.
–Ahora tómalo y dale todo el amor que puedas…
–No entiendo… –me excusé–.
–Que le des todo el cariño del que seas capaz, a tu manera.
Y me dejó con el niño.

Le canté, lo besé y arrullé… Dejó de llorar, me sonrió, se durmió. Al cabo de un rato, busqué llorando a la hermana:
–Hermana: no respira.
La monja certificó su muerte:

–Ha muerto en tus brazos… Y tú le has adelantado quince minutos con tu cariño el amor que Dios le va a dar por toda la eternidad.

Entonces entendí tantas cosas: el cielo, el amor de mis padres, el amor de Jesús, los detalles de afecto de mis amigos… Mi viaje a Kenya supuso un antes y un después en mi vida.

Ahora sé que todos tenemos "Kenyas" a nuestro alrededor para dar amor cada día. Voy a pasar por la vida una sola vez. Cualquier cosa buena que yo pueda hacer o alguna amabilidad que pueda hacer a algún humano, debo hacerlo ahora, porque no pasaré de nuevo por ahí.

La historia, contada por la Madre Teresa de Calcuta, nos habla de un voluntario que fue a ayudar, pero que terminó ayudándose a sí mismo.

TERMÓMETRO DIARIO DE LA NEGOCIACIÓN

Es preciso preguntarnos si la negociación o la relación que estamos entablando nos va a ayudar a trascender o si sólo estamos actuando para cumplir con un objetivo transaccional. Entre las herramientas que nos brinda la psicología está la prueba de la resonancia y la disonancia. En el contexto de este libro, la resonancia tiene que ver con preguntarse si los conceptos presentados aquí tienen eco en mi interior desde el punto espiritual y no tanto en el intelecto. La resonancia me lleva a prestarle atención al sector de los sentimientos, de la memoria ancestral y del corazón. En la experiencia de resonancia, uno siente reverberación dentro del cuerpo, del espíritu y de la mente. Puede ser algo que nos dicen, algo que leemos o que vemos. Todo vibra al unísono y nos parece perfecto, lo sentimos como parte de nosotros y nos damos cuenta de que es una información que ya teníamos disponible, sólo que apareció en ese momento por obra y arte de una ley que va más allá de nuestro entendimiento.

La resonancia energética, de acuerdo con el diccionario Larousse, dice que cuando se toca un diapasón, hace vibrar a aquel que tiene la misma frecuencia vibracional. Si apartamos nuestra mente y sintonizamos nuestro corazón, hay infinidad de situaciones que podemos experimentar de manera distinta una resonancia; ya que cada persona resuena con lo que le corresponde. Determinadas cosas que en mí resuenan quizás no lo hagan en otra persona y viceversa. La prueba de la resonancia se puede usar en distintas situaciones de vida. Por ejemplo, al elegir qué libro leer, qué curso tomar, a dónde ir de vacaciones, qué estudiar, qué profesión seguir, etcétera.

La disonancia, según el mismo diccionario, es la no concordancia en la adición de dos o más sonidos sucesivos o simultáneos. También es la falta de la conformidad o proporción que naturalmente deben tener algunas cosas. De ahí que a veces digamos intuitivamente que algo "nos hace ruido".

Recuerdo que una vez asistí a un congreso de desarrollo de centros comerciales en Las Vegas, Nevada, y todos mis colegas de trabajo después de las conferencias decidieron visitar centros nocturnos. Esa decisión del grupo estuvo muy lejos de resonar en mí. De hecho, me produjo disonancia porque iba en contra de mis creencias.

La prueba de la resonancia puede ayudarnos a discernir desde un sitio intuitivo y emotivo al que muchas veces no tenemos acceso de manera consciente. Cuando estés en un proceso de toma de decisiones, repite este ejercicio durante los días que dure.

Hazte las siguientes preguntas:

- ¿Qué me resuena?
- ¿Qué me disuena?
- ¿Qué no me sonaba?
- ¿Qué me pide conversión?

Registra tus percepciones en esta tabla, sin juzgar:

Ayuda			No ayuda		
Dia	Sentimiento predominante	Pensamiento predominante	Sentimiento predominante	Pensamiento predominante	Observaciones
1					
2					
3					
4					
5					
6					
7					

No desestimes esta información. Intégrala a tu proceso de toma de decisiones y mantenla como un termómetro de tu sentir.

EL FUNDAMENTO DE LA INDIFERENCIA

Hace muchos años que resido en los Estados Unidos de Norte América, en una zona cuya mayoría étnica tradicionalmente fue de blancos anglosajones. Soy socio de un club en donde la mayoría étnica también es de blancos anglosajones. Desde hace varios años frecuento el gimnasio del lugar así como el área de sauna. Todos los días, desde hace dos años, al entrar al cuarto del sauna me he topado con la misma persona de unos 65 años de edad y perfil étnico blanco anglosajón. Mi costumbre es saludarlo con un "buenos días" en inglés. En estos 24 meses, aunque el hombre no me contesta ni una sola palabra, yo continúo saludándolo cada vez que lo veo.

Un día mis hijos me sugirieron que ya no le dirigiera la palabra, y así lo hice. Me costaba mucho trabajo actuar en contra de mi ser, y al cabo de tres meses, decidí que no iba a cambiar mi forma de ser amable por la indiferencia de alguien más. Cuando volví a dirigirle la palabra, ocurrió algo extraño: el hombre me respondió, al menos, con un sonido gutural que sonó como un "mh", y semanas más tarde, me dirigió la palabra: "Buenos días, cómo le ha ido".

Siempre me había preguntado por qué no me saludaba: ¿le caigo mal, no le gustan los mexicanos, será racista, tendrá alguna pena? Afortunadamente, no me importaba el hecho de que me saludara o no, mi indiferencia (positiva) me permitía seguir siendo libre de ser yo mismo y no actuar con base en inferencias. Tiempo después, alguien me explicó que su mujer había fallecido hace unos años y el hombre aún no lo había superado. Por eso, cuando alguien no te saluda, no te sonríe o no actúa de acuerdo a lo que esperas, lo mejor es ser indiferente y no tomarlo personal. A menos de que le preguntemos, es difícil comprender lo que le está pasando.

En este contexto, la indiferencia no significa que algo me dé lo mismo; que no siento repugnancia o atracción, gusto o disgusto; que mi disposición está sujeta a condiciones; o que algo contraria mis inclinaciones.

Indiferencia quiere decir que actúo con base en mi libertad interior, que actúo siguiendo la voluntad de un ser supremo, que muestro disponibilidad al momento de una elección.

Siguiendo las enseñanzas de San Ignacio de Loyola, la indiferencia es un recurso temporal que nos hace partir de una neutralidad provisional antes de tomar una decisión. Cuanto menos condicionada esté la indiferencia, más libre seré. Entre los mexicanos, por ejemplo, existe un prejuicio hacia los habitantes del Distrito Federal. "No aguanto a los chilangos", dicen quienes viven en provincia. Este prejuicio no te hace libre y no eres indiferente. Ser indiferente sería no sentir repugnancia ante ciertas actitudes, pero no sólo porque sí, sino por un fin trascendente: el respeto a la otredad y la diferencia, el tratar a otros como me gustaría ser tratado, el no actuar con base en inferencias que pueden arruinar mis relaciones cotidianas y limitar mis posibilidades. Ser indiferente, en este contexto, significa ser máximamente libre en el proceso de negociación.

14 REGLAS PARA NEGOCIAR CON FE

Este apartado es una especie de *Vademecum*, la guía que se utiliza en las farmacias para describir la función de las sustancias activas de los medicamentos. Para afrontar los dilemas éticos que supone una negociación con sentido de trascendencia, hemos adaptado una serie de reglas de discernimiento elaboradas por San Ignacio de Loyola, y las hemos acompañado de un comentario.

Antes de entrar en materia, partamos de una base común. El primer paso para convertirnos en negociadores con sentido de trascendencia es aceptar que nuestra dinámica vital está conformada de varias dimensiones y mociones, así que requerimos una buena dosis de paciencia, flexibilidad y empatía en el proceso de aprendizaje. El segundo paso es reconocer que vivimos una realidad en la que todo está conectado, y que la percepción de esas conexiones dependerá de nuestra apertura.

Hay dos tipos de personas o espíritus: el que va de mal en peor y el que va mejorando cada día. La lectura de estas reglas dependerá del momento espiritual en el que se encuentre cada persona. En algunas reglas proporcionaremos ejemplos para el caso A (los que van de mal en peor) o el caso B (los que van mejorando cada día) respectivamente.

PRIMERA REGLA

La tendencia a la autocomplacencia de quienes van de mal en peor puede pervertir el éxito en la negociación.

Ser autocomplacientes nos hace perder la capacidad de discernir los peligros de un uso abusivo de las facultades de negociación. Al perder la capacidad analítica, me convierto en esclavo de mi vicio y pierdo capacidad de negociación.

El mal espíritu facilita el camino del confort y de lo imaginativo para conservar y ahondar a la persona en ese estado de vicios y corrupciones. Su frase es: "Está todo bien, todo se puede". El buen espíritu, en cambio, punza y remuerde la conciencia por medio de la razón. Su frase es: "Algo anda mal, no todo te hace bien".

¿Cómo actúan "los espíritus negociadores"?

MAL ESPÍRITU NEGOCIADOR	BUEN ESPÍRITU NEGOCIADOR
Inercia o tendencia a la apariencia Superficialidad Falsas expectativas (promesas engañosas) Aumentar vicios y malas tácticas Imaginaciones sin soporte real Revive progresivamente hacia el fracaso	Desarrollar la razón Autocrítica Utilizar la conciencia en la negociación Alguien que apoye la autocrítica o coaching

SEGUNDA REGLA
En las personas que caminan cuidando su vida espiritual en la negociación y van progresando, sucede lo contrario que en la primera regla.

El mal espíritu negociador pone obstáculos, remordiendo la conciencia, entristeciendo y sembrando intranquilidad con falsas razones para frenar la mejoría. Su frase es: "¿Ves que no puedes?, eso no es para ti".
El buen espíritu negociador, en cambio, anima, da fuerza, consuelo, inspiraciones y quietud, haciendo a un lado lo que parece un impedimento para que la persona no se detenga. Su expresión es: "Siempre se aprende algo nuevo y de un modo especial en los fracasos".

Los complejos de inferioridad en la negociación van en detrimento del negociador. Hay que pensar qué capacidades considera que tiene este negociador para elaborar en positivo sus frustraciones y fracasos, ya que no hay tiempo para deprimirse. Las marcas que deja el buen o mal espíritu negociador en la negociación deben de considerarse no para mirar hacia atrás (eso nos destruye como a las estatuas de sal), sino para cuestionar cuáles son las falsas razones o los mecanismos de autodefensa y auto justificación que nos impiden avanzar.

Un buen espíritu para una negociación exitosa está bien estructurado afectivamente, tiene inteligencia emocional y voluntad de hierro, genera ideas brillantes, cuenta con unidad en su corazón, es íntegro. Cuando negociamos en buena lid, guiados por el buen espíritu, podemos discernir más fácilmente si la otra parte está pasando por un momento espiritual bajo o malo debido a la tristeza que demuestra, o viceversa. Si tenemos relaciones de trabajo de buen nivel, hay que buscar que la relación no se pervierta por el resultado y más bien capitalizar la relación para conocer las bondades de la negociación justa.

TERCERA REGLA
Antes de comenzar a negociar, tienes que estar seguro de tu tonalidad anímica o emocional.

La mirada que yo proyecto hacia los demás es una mirada limpia que me lleva al servicio de la persona. En el proceso de negociación tengo que tener claro el objetivo del servicio que estoy ofreciendo al otro.

Recuerdo que durante las Jornadas Mundiales de la Juventud, ocurridas en Madrid en el año 2013, más de trescientos jóvenes visitaron la ciudad para escuchar al Papa. Se formaron grupos de veinte personas de varias nacionalidades, por ejemplo, cinco españoles más otros tantos franceses, argentinos o uruguayos. Por la noche, alrededor de las 10:30, los españoles le propusieron a los extranjeros que fueran a cenar. Llegaron a un restaurante, pero el señor que atendía estaba a punto de recoger todo para retirarse. Cuando vio que los jóvenes querían cenar, les dijo que no les podía servir si no le ayudaban a recoger, porque estaba solo en el negocio. Los chicos aceptaron de buen grado. Cenaron, pasaron un buen rato y alrededor de la 1:30 a.m. pidieron la cuenta. El señor les dijo que ya estaba pagada y empezó a llorar de agradecimiento, porque esos jóvenes, con su alegría y su actitud de servicio, le habían devuelto la fe. Los chicos querían pagar la cuenta, que sumaba cerca de 300 euros, pero el señor les dijo: "Pierdo 300 euros, pero gano alegría, positividad y la convicción de servir con alegría". El dinero no era proporcional a la alegría que había sentido. Finalmente, era como estar atendiendo a un grupo de amigos.

Pero hay que estar atentos, porque la euforia no es ningún consuelo espiritual. La euforia en el marco de una negociación es un sentimiento de autocomplacencia centrado en el yo. A veces, la emoción del éxito nos hace prescindir de otras dimensión humanas, como los valores o la espiritualidad que me hace tener en cuenta al otro y respetarme a mí mismo. Hay que tener cuidado con esa excitación temporal y siempre procurar una quietud interior.

La quietud interior no se vive únicamente en una esfera epidérmica o superficial sino en todo nuestro ser. Sus características son la intercomunicación y la durabilidad, es decir, la fluidez y transparencia del trato que le da tranquilidad a ambas partes. La quietud, además, tiene fuerza motivacional y es muy poderosa para la negociación; da confirmación vital de que participo en una actividad en donde se une lo trascendente con lo inmanente, lo temporal y lo atemporal. Finalmente, así como es importante tener un punto de referencia cuando hay niebla, la quietud es un referente en los momentos más difíciles de la negociación.

Un día de niebla en Quito, Ecuador.

CUARTA REGLA

Aprende a gestionar el fracaso de la negociación.

En los momentos de fracaso solemos sentirnos desolados. En un estado de desorientación y turbación, puede haber impulsos materialistas o hacia acciones bajas, ansiedad y tentaciones, desconfianza, desesperanza, desamor, pereza, tibieza, tristeza, sensación de ausencia de un ser supremo... Los sentimientos son muy importantes porque gestan los pensamientos, por eso hay que desconfiar de los pensamientos que ganan fuerza después de un fracaso. Procura ser autocrítico en tus razonamientos durante una negociación y recuerda: ese estado anímico es temporal.

La desolación espiritual está marcada más por la falta de fe, esperanza y caridad. La desolación temporal, en cambio, se caracteriza por una desestructuración del sujeto, es decir que la persona se siente sin núcleo y sin libertad. A veces, el fracaso en la mitad de una negociación nos produce una sacudida que nos hace tomar conciencia de que tenemos que recuperar la fe en nuestras capacidades y la proyección de futuro. Ambas, el hundimiento y este momento de turbación, tienen en común el sentimiento de ruptura, de separación, de que algo se ha roto.

Cuando se trata de un proceso de negociación, hay que volver a soldar lo que se ha roto. Es el momento de introducir una buena dosis de gratitud en la relación, invitar a comer o a la ópera, etcétera. En esos momentos es importante no hacer cambios de base; sin referencias en la niebla corremos el riesgo de perder el rumbo. Revisa qué sueles hacer en situaciones similares, cómo tiendes a reaccionar. Anota tus reacciones.

La negociación no es un terreno sin conflicto, ya que pasamos por un proceso de lucha interna y externa que puede llegar a producirnos dolor. A veces estamos más desolados de lo que creemos y no lo notamos. En mi experiencia, las verdaderas trabas de un proceso de negociación pueden ser sólo la punta de un iceberg que no vemos. Cuando empezamos a verlas, pasamos de la desolación al desconcierto.

QUINTA REGLA
Aprende a discernir en el desconcierto, pero no cambies en la desolación.

En tiempo de desolación nunca hay que hacer cambios respecto a los propósitos o la determinación que teníamos un día antes del fracaso. Cuando escuches esa voz que dice: "Deja todo, abandona", mantente firme y constante, porque ya vendrán tiempos mejores. Así como la consolación nos guía y aconseja al buen espíritu, la desolación es mala consejera y peor amiga.

Compartir una comida,
dosis de gratitud en la relación.
Ilustración: Marcela F. Chamoun.

Tras el éxito de una negociación aparece el sentimiento positivo de la consolación. El fracaso es un momento de reajuste, de desconcierto, pero no debemos cambiar de rumbo porque podemos llegar a traicionar principios básicos. La regla de platino es firmeza y constancia. Resistir es avanzar y luchar.

SEXTA REGLA
Trabaja sin prisa, pero sin pausa.

En tiempo de desolación hay que reaccionar internamente y decir sí a los cambios de patrones de pensamiento y sentimiento que nos traen la misma desolación. Trabajar sin prisa, pero sin pausa consiste en sacudirse aquello que desanima y cubre todo con su manto de tristeza. Sobre todo, reflexionar y examinarse más profundamente para identificar las pequeñas cosas en las que "cojeamos" y enseguida "ponernos las pilas". En este momento habrá que aumentar la paciencia de modo conveniente.

SÉPTIMA REGLA
Siempre disponemos de recursos.

El que está desolado, sepa que puede ser una prueba, en los límites de sus recursos naturales, para que resista a las agitaciones y tentaciones del enemigo. Recuerda que uno siempre dispone de recursos, la cuestión es como capitalizarlos. ¿Cómo capitalizar los recursos de una buena negociación? ¿Qué hay que hacer en una negociación frustrada? Primero, hay que saber que uno está a prueba y valorarlo positivamente. Segundo: mira el bosque y no sólo el árbol caído, en otras palabras, no dramatices, practica la visión de helicóptero, toma distancia y las cosas tomarán su justa dimensión.

OCTAVA REGLA
Trabaja para ejercitar la paciencia

El que está desolado ha de trabajar para permanecer en paciencia (lo contrario a dejarse abatir por las molestias que lo asedian) y no olvidar que la consolación vendrá, porque no hay mal que dure cien años. El mal espíritu negociador es impaciente y busca impacientarnos. Pero hay que recordar las palabras de Santa Teresa: "Nada te turbe, nada te espante, todo se pasa, Dios no se muda. La paciencia, todo lo alcanza. Quien a Dios tiene, nada le falta. Sólo Dios basta".

Ser paciente no significa resignarse; la paciencia es el señorío de sí y es activa. Pensar en tiempos mejores es ejercer la esperanza de que vendrá luego la consolación. La desolación cierra el horizonte, pero la paciencia lo abre y todo esto nos lleva a descubrir la causa de ese fracaso.

NOVENA REGLA
En la desolación, descubre tu responsabilidad

¿Cuál es mi grado de responsabilidad en lo que me pasa? Somos tibios, perezosos o negligentes cuando no queremos aceptar la verdad sobre nosotros mismos o sobre los demás. No aceptarnos, no aceptar a los otros tal cual son, conocer nuestras limitaciones y no reaccionar, todo eso nos hace perder poco a poco el sentido de nuestra misión. La negligencia nos hace ciegos a nuestras debilidades.

Por otro lado, la falta de humildad y de sinceridad también son formas de negligencia. No pongamos nuestro nido en casa ajena, que nuestro concepto de nosotros mismos no se eleve tanto que se convierta en soberbia o vanidad. El fracaso nos pone a prueba, es una llamada a corregir la intención y apuntar mejor en la dirección correcta.

DÉCIMA REGLA
Aprender de la consolación para la desolación

El que ha logrado un negocio exitoso ha de considerar que no hay motivo para alejarse sin antes haber tomado las referencias positivas para cuando llegue el momento del fracaso. El buen espíritu toma un momento para reflexionar tras el éxito de la negociación. Antes de cerrar el caso, hazte las siguientes preguntas:

¿Cuáles son mis certezas y fortalezas en este momento?
¿Cuáles dependen de los resultados inmediatos de la negociación?
Piensa como si ésta fuese su última negociación: ¿cómo la harías?

El éxito en la negociación nos aporta aprendizajes y nos defiende contra la frustración o fracaso, que eventualmente llegarán. Por eso, en tiempos de éxito...

- Hay que prepararse, almacenar luz y fuerza, como hiciera José en Egipto.
- No debemos creer que está todo solucionado, seguramente habrá algunos detalles que deberán afinarse en la ejecución.
- Recordemos que ha habido y habrán tiempos peores. Si de algo tenemos certeza (por simple probabilidad) es de que después de la consolación puede venir una desolación.

DÉCIMA PRIMERA REGLA
Procura no alimentar al ego

Evitemos pensar que podemos hacerlo todo. Lo mejor, si hemos sido víctimas de la frustración, es poner nuestra fuerza en los recursos que aún nos quedan. En el siguiente cuadro veremos que, ya sea en el éxito o en el fracaso, siempre corremos el riesgo de alimentar al ego. El éxito y el fracaso son los dos pies que nos permiten caminar: se complementan, se apoyan, son la manifestación del planteamiento dialéctico. Recordemos que una buena negociación no es lineal, sino que tiene altibajos oscilatorios. Ni las subidas ni las bajadas son importantes en el proceso; lo que importa es lo que uno aprende en el conjunto de la actividad.

No hay que renegar de lo que sentimos, pero tampoco podemos quedarnos en ese estado de desolación permanente. Lo más sano es reconocer lo que nos pasa, tomar los aprendizajes e ir más allá. Si reaccionamos así, daremos pasos de gigantes.

CONSOLACIÓN – ÉXITO	**DESOLACIÓN – FRACASO**
Hay que proceder con humildad, prevenir posibles excesos, como hacer promesas que no podremos cumplir. Hay que tener cuidado de enorgullecerse al considerar que el éxito sólo es fruto de nuestro mérito o actividad. Hay que vivir con el diario espiritual de acordarse de las “vacas flacas”.	No hay que desanimarse ni derrumbarse. (Asumir los errores con humildad sin dramatizar; todo el mundo se equivoca.) Cuando más valor o coraje nos haga falta, saber pedir ayuda (asumir que no podemos hacerlo todo solos) y apoyarnos en un ser supremo.

El fracaso induce a un cambio de actitud profunda para no ir por la vida con absoluta autosuficiencia. No podemos atribuir a nosotros mismos todos los recursos ni practicar el culto a la propia perfección, porque se cae en el voluntarismo y la omnipotencia. De este modo no se alcanza nunca el ideal. No hay peor cosa que creerse bueno y despreciar a los demás, esto es el caldo de cultivo de la insatisfacción. Recordemos el caso del sobrecargo: a pesar de la insolencia, lo mejor es no reaccionar ni ponerse al mismo nivel competitivo.

Para comprender el asunto de la dependencia vamos a explorar la teoría de juego. Ésta nos orienta en la toma de decisiones y nos muestra que la decisión de uno depende de la decisión del otro y viceversa. El problema típico de la teoría del juego es el dilema del prisionero.

El **equilibrio de Nash** es, en la teoría de juego, un concepto de solución para juegos con dos o más jugadores. Éste asume que cada jugador conoce y ha adoptado su mejor estrategia, y que todos conocen las estrategias de los otros. En consecuencia, cada jugador individual no gana nada modificando su estrategia mientras los otros mantengan las suyas. Así, cada jugador está ejecutando el mejor movimiento que puede, dados los movimientos de los demás jugadores.

Un equilibrio de Nash es una situación en la cual todos los jugadores han puesto en práctica, y saben que lo han hecho, una estrategia que maximiza sus ganancias dadas las estrategias de los otros. Consecuentemente, ningún jugador tiene incentiva para modificar individualmente su estrategia.

Por su parte, el **dilema del prisionero** demuestra que dos personas pueden no cooperar, incluso si en ello va el interés de ambas. Albert W. Tucker formalizó esta teoría con base en las recompensas penitenciarias –de ahí el nombre de la teoría–(Poundstone, 1995).

La enunciación clásica del dilema del prisionero es:
La policía arresta a dos sospechosos. No hay pruebas suficientes para condenarlos y, tras haberlos separado, visita a cada uno ofreciéndoles el mismo trato. Si uno confiesa y su cómplice no, el cómplice será condenado a la pena total de diez años y el primero será liberado. Si uno calla y el cómplice confiesa, el primero recibirá esa pena y será el cómplice quien salga libre. Si ambos confiesan, ambos serán condenados a seis años. Si ambos lo niegan, todo lo que podrán hacer será encerrarlos durante seis meses, por un cargo menor.

Veámoslo en un esquema:

	Tú confiesas	**Tú lo niegas**
Él confiesa	Ambos son condenados a seis años.	Tú eres condenado a diez años y él sale libre.
Él lo niega	Él es condenado a diez años y tú sales libre.	Ambos son condenados a seis meses.

Vamos a suponer que ambos prisioneros son completamente egoístas y su única meta es reducir su propia estancia en la cárcel. Como prisioneros tienen dos opciones: cooperar con su cómplice y permanecer callados o traicionar a su cómplice y confesar. El resultado de cada elección depende de la elección del cómplice. Por desgracia, uno no conoce qué ha elegido hacer el otro. Incluso si pudiesen hablar entre sí, no podrían estar seguros de confiar mutuamente.

El sentimiento de la frustración en la negociación es algo normal. De hecho, si no lo experimentamos es una mala señal. Lo que no debemos hacer es dejarnos atropellar por ella. A veces los motivos de la frustración pueden provenir de agentes externos o internos a nosotros. Interiormente, puedo haber algo en mí que me hace sentir más fuerte. Por ejemplo, cuando se está enamorado o apasionado, uno enfrenta mejor las dificultades que cuando no lo está. En conclusión, en múltiples ocasiones estamos en este dilema y, para resolverlo, necesitamos tener el don del discernimiento.

DÉCIMA SEGUNDA REGLA

El enemigo es débil ante la fuerza y fuerte ante la debilidad.

Tres parábolas nos ayudan a entender el engaño de nuestro entendimiento en un proceso de negociación.

LAS ARPÍAS

La estrategia de las arpías es crear miedo y desanimarnos con su fuerza avasalladora. Las arpías aparecen en los mitos como enormes genios alados (representados como mujeres aladas con garras) que espantan a la gente para arrebatarle sus bienes. Una de las historias más conocidas es la de las arpías que asediaban al Rey Fineo, quitándole todo lo que tenía frente a él, especialmente los alimentos. Lo que no podían llevarse, lo ensuciaban con sus excrementos. Cuando los argonautas llegaron a la tierra de Fineo, el rey les pidió que lo liberaran de las arpías. Zetes y Calais las persiguieron hasta hacerlas huir. Estos dos argonautas simbolizan a la fortaleza y a la valentía que se requiere para hacer frente a las fuerzas que agigantan los problemas, esas pseudo razones que ante la fuerza de la razón y la valentía de la voluntad, se debilitan. A veces hay que hacer lo diametralmente opuesto a lo que un prejuicio o pseudo razón me sugiera. Es la misma estrategia que se usa con los chicos caprichosos. Ellos dicen: si tú me propones A, yo voy a hacer B.

EL DON JUAN

El Don Juan es una figura literaria representada por Tirso de Molina en su obra *El burlador de Sevilla* y recreada por José Zorrilla en *Don Juan Tenorio*. Sin embargo, el arquetipo del burlador ya existía en el imaginario popular antes de aparecer en la literatura. Su función moralizadora, profundamente católica, era mantener la vida y las costumbres dentro del orden establecidos, ya que Don Juan representa la ruptura de las normas. Para él, ni la moral de la iglesia ni la justicia humana tenían valor alguno, pues la vida era como un juego que debía disfrutarse en libertad, uno de los sueños más antiguos del ser humano, por cierto.

Decir que un hombre es un "Don Juan" es el mayor elogio que puede recibir un macho seductor de mujeres. Según los expertos del Teatro La Paca (Jaén, España), la referencia actual al Don Juan resulta simplista frente a la complejidad de la figura original, que retrata "la condición humana contradictoria: empujada por el egoísmo, enfrenta la esencia del instinto con las creencias religiosas, las normas de conducta y las leyes, a menudo absurdas, con las que el hombre civilizado ha intentado someter ese instinto a lo largo de los siglos".

En el marco de la negociación, un Don Juan se descubre a escondidas y se esconde cuando es descubierto. Este comportamiento nos induce a encerrarnos en la falsedad y el ocultamiento de las verdaderas razones. La táctica para superarlo es conducirnos siempre con claridad y transparencia, dentro de un marco de prudencia y sagacidad. Como nos dice Jesucristo en el libro de Mateo (10-16): "Hay que ser astutos como serpientes y sencillos como palomas".

EL CAUDILLO O SAQUEADOR

Hay que poner atención a los pensamientos que atacan a nuestros puntos débiles, por eso debemos conocer nuestro lado flaco. ¿Cómo descubrirlo? Es nuestro aspecto más vulnerable, aquel que se ve afectado con más frecuencia.

En el libro de Lucas (16:1-12), Jesucristo la ilustra a través de la parábola del administrador sagaz.

> *Había un hombre rico que tenía un administrador, al cual acusaron de malgastar sus bienes. Lo llamó y le dijo: "¿Qué es lo que me han contado de ti? Dame cuenta de tu administración, porque ya no ocuparás más ese puesto". El administrador pensó entonces: "¿Qué voy a hacer ahora que mi señor me quita el cargo? ¿Cavar? No tengo fuerzas. ¿Pedir limosna? Me da vergüenza.¡Ya sé lo que voy a hacer para que, al dejar el puesto, haya quienes me reciban en su casa!" Llamó uno por uno a los deudores de su señor y preguntó al primero: "¿Cuánto debes a mi señor?" "Veinte barriles de aceite", le respondió. El administrador le dijo: "Toma tu recibo, siéntate en seguida, y anota diez". Después preguntó a otro: "Y tú, ¿cuánto debes?" "Cuatrocientos quintales de trigo", le respondió. El administrador le dijo: "Toma tu recibo y anota trescientos". Y el señor alabó a este administrador deshonesto por haber obrado tan hábilmente. Porque los hijos de este mundo son más astutos en su trato con los demás que los hijos de la luz. Pero yo les digo: Gánense amigos con el dinero de la injusticia, para que el día en que éste les falte, ellos los reciban en las moradas eternas. El que es fiel en lo poco, también es fiel en lo mucho, y el que es deshonesto en lo poco, también es deshonesto en lo mucho. Si ustedes no son fieles en el uso del dinero injusto, ¿quién les confiará el verdadero bien? Y si no son fieles con lo ajeno, ¿quién les confiará lo que les pertenece a ustedes?*

Con esta parábola, Jesús no quiso invitarnos a cultivar el engaño o la traición. Más bien, quiso ilustrar la importancia de usar los recursos que tenemos disponibles para el bien de los demás y para asegurar nuestros tesoros en el cielo. Si un corrupto sabe administrar bien sus recursos, ¡imagínate lo que puede hacer una persona justa con un corazón dispuesto a servir a los demás! A veces pensamos que no tenemos lo suficiente para dar o para servir. Hay que usar la creatividad y abrir la mente para trascender sobre todo con justicia.

DÉCIMA TERCERA REGLA
No todos son amigos en la negociación

El enemigo actúa como quien pretende a una persona que ya está comprometida con otra: busca mantener sus provocaciones en secreto para no ser descubierto. El enemigo nos diría cosas como: "¿Para qué vas a decir esto si no te van a entender?"). Por tanto, el negociador debe recurrir a alguien que verdaderamente le va a ayudar (un guía espiritual, un experto, un coach o un confesor) y no a quien lo va a consentir (compinche o amigo que está implicado en el mismo proceso).

Cuando trabajaba en un corporativo global, gracias a mi desempeño ascendí rápidamente la escalera corporativa y, en menos de un año, la empresa me eligió para realizar un programa equivalente a una maestría de administración práctica dentro de mi propio trabajo. Tuve la fortuna y bendición de aprender asuntos clave, como examinar, negociar y vender proyectos a nivel ejecutivo en empresas de primer mundo en áreas diversas, desde telecomunicaciones, gas, petróleo, química e infraestructura, hasta bebidas y alimentos.

Pude conocer a muchos directivos en el curso del programa. Recuerdo que en una reunión, un vicepresidente de la empresa me dijo: "¡Qué pena que hayas perdido tanto tiempo estudiando maestría, doctorado y hasta postdoctorado! Eso no es importante aquí". Al escucharlo, me dio gusto y tristeza. Me dio gusto por mí, porque era un indicador de que estaba subiendo en la escalera empresarial; cuando alguien quiere minimizar tu trabajo o tus conocimientos, esos comentarios son parte de una estrategia de intimidación para desmotivarte. Me dio tristeza por el vicepresidente. Justo después de escuchar su comentario, pensé: "Pobre, tiene miedo de que le quite su puesto, pero no me interesa. Si me interesara algún puesto, sería el de presidente, no el suyo". En las negociaciones, siempre que nos encontremos con este tipo de enemigo que no quiere nuestro triunfo porque le hacemos sombra, sigamos adelante.

DÉCIMA CUARTA REGLA
No hay que bajar la guardia

El enemigo trabaja como un ladrón: mira cuál es la parte más vulnerable de la casa (nuestras virtudes teologales, cardinales y morales), y no pierde ocasión para identificar en qué aspectos estamos más débiles y necesitados. Por allí entra y roba. La tentación del otro es un aviso para que trabajemos los aspectos en los que estamos más flojos.

Hay quienes tratan de impedir que brilles como estrella en tu vida o en tu carrera profesional. Ese brillo saldrá aunque traten de opacarlo, y no habrá acción mundana que lo oscurezca u obstaculice a la larga. Recuerdo una ocasión en la que negocié y concreté uno de los proyectos más grandes que se han hecho en la empresa de petroquímica en la que trabajaba. Los que habíamos colaborado en desarrollo de negocios, teníamos una reunión anual en la presentábamos proyectos con vistas a ser premiados, entre ellos, el proyecto que yo había concretado. En el último momento, el gerente de departamento me pidió que cancelara mi viaje argumentando que todos los demás iban a estar en el evento y nadie se quedaría en la oficina. Yo sabía que su intención era quitarme de los reflectores para que no me dieran el premio, pues tenía miedo de que alguien le robara su lugar. Este tipo de acciones me hicieron reflexionar sobre lo importante que es sacar el mayor aprendizaje en cada momento.

Cada día, cada momento es un aprendizaje en la vida y tenemos la opción de discernir si lo tomamos para bien o para mal. Como negociadores trascendentales, elegimos tomar las cosas para bien y sacar lo mejor de nosotros mismos en toda situación, porque esa actitud nos ayudará a ser mejores.

Hay que aprender de los antiguos, pues sus enseñanzas son garantía para no equivocarnos. Ellos nos dan grandes consejos para evitar grandes errores en la vida. Este cuadro comparativo entre la toma de decisiones convencional y la toma de decisiones para los fenicios nos hará ver la diferencia entre ser un negociador que discierne para el corto o para el largo plazo.

Estos dos extremos de estilos de toma de decisión pueden utilizarse en diferentes situaciones. La decisión según los fenicios tiene el sentido de trascender aunque sea una negociación de corto plazo. El punto más importante a remarcar de la decisión fenicia *versus* la convencional es que, una vez tomada la decisión, no hay marcha para atrás. Si hago un compromiso con una persona, es primordial mantener mi palabra para no pervertir el objetivo de la negociación. Un ejemplo típico, sobre todo para conferenciantes, se da cuando en su agenda tienen un compromiso con un cliente para una fecha determinada, y unos días antes de la conferencia surge un conflicto de agendas porque otro cliente, más estratégico o de mayor importancia, les pide otra conferencia. Sin embargo, conozco a muchos conferenciantes que han quedado mal en una universidad con los estudiantes porque les salió una conferencia en una empresa. De un momento a otro, cambian su compromiso inicial por el mejor postor. Esa no sería la decisión al estilo fenicio.

Quizá el aspecto revisable y reversible de la decisión convencional tenga sentido en los ejemplos anteriores, ya que la gente trata de minimizar el costo e incrementar su posicionamiento. Es debatible que al corto plazo puedan incrementar sus ganancias con este tipo de decisión, pero es difícil trascender de esta manera.

DECISIÓN CONVENCIONAL	DECISIÓN SEGÚN LOS FENICIOS
Decisión segura	Decisión arriesgada (no es improvisada ni irreflexiva)
Al coste mínimo	Al coste máximo
Precisa y clara	Precisa, no del todo clara (por su complejidad)
Revisable y reversible	Definitiva y confiada

Los estudiantes decepcionados con el conferenciante que canceló para ir con la empresa, podrían ser clientes potenciales de este conferenciante. Muy probablemente, recuerden el incidente y no lo contraten o guarden una mala referencia de él.

Hay un mayor aprendizaje que se desprende de todo esto. En una negociación se procede de tal modo que en el principio, el medio y el fin del proceso no se perviertan ni la intención con la que se ha comenzado, ni el objetivo que se pretende conseguir.

LA PROFECÍA AUTOCUMPLIDORA

El discernimiento en la negociación nos brinda la oportunidad de transformar un conflicto interpersonal en una relación productiva para ambas partes. Como vimos en capítulos anteriores, parte de los conflictos entre las personas se dan porque actúan con base en una escalera de inferencias, que cuando se combinan con la profecía autocumplidora, potencializan los conflictos.

La profecía autocumplidora se da cuando aquello que inferimos de una persona se hace realidad, pero no porque nuestra inferencia sea correcta, sino porque nuestra acción temerosa o defensiva produce una reacción similar en el otro. La inferencia hace que, en lugar de estar tratando con una persona, tratemos con una especie de fantasma que interponemos entre el otro y el yo. Imaginamos que el otro tiene una personalidad que no es la verdadera, porque ha sido creada por nuestra fantasía. La percepción se convierte en realidad y la realidad en percepción. Esta realidad inferida crea alejamientos y conflictos entre las personas. Supuestos e irrealidades predominan sobre la verdadera realidad. Las personas se convierten en los fantasmas que crean otras personas de ellos y los fantasmas se convierten en las personas. Así, cuando dos personas están resolviendo un conflicto entre ellas, muy probablemente están actuando y resolviendo el problema entre los dos fantasmas que crearon a partir de sus inferencias.

¿Qué hacer? ¿Cuál es la solución a esta situación? ¿Qué aconsejan los expertos? ¿Por qué algunas veces actuamos como seres irracionales y manejamos el conflicto como bestias salvajes que temen ser atacadas (por el fantasma creado del otro)? ¿Por qué no entender, primero, qué detona este comportamiento en nosotros, y luego entender por qué el otro actúa de manera similar? ¿Qué hace que construyamos barreras en lugar de puentes de comunicación?

Piensa en una situación de trabajo o de la vida cotidiana que te hace sentir frustración, enojo, angustia, desesperación, impotencia, vergüenza, desencanto, intimidación, ira, tristeza… ¿A qué se debe, cuál es la fuente de estos sentimientos y emociones? ¿Te has preguntado si acaso surge de una necesidad tuya no satisfecha? Quizás, cuando la otra persona se acerca a pedirte algo, tú usas el encuentro como un vehículo para desahogar tu frustración (por aquello que no has logrado resolver en otro ámbito de tu vida), y descargas todo tu enojo en el otro. ¿Acaso no sería productivo reconocer que tenemos alguna necesidad insatisfecha y ponerla de lado, por un momento, para entender qué necesita el otro en el momento de hacernos un pedido?

Analicemos la situación metódicamente. Primero, preguntémonos si la otra parte también demuestra sus emociones, ¿por qué será? Quizás la premisa sea que las emociones nublan nuestra habilidad de pensar racionalmente o nos impiden llegar a una resolución, aun cuando un acuerdo amigable es posible entre las partes. Entonces, la hipótesis sería que si encontramos los medios para entender las necesidades del otro, tendremos menos conflictos y la posibilidad de satisfacer nuestras necesidades. La clave para entender y satisfacer las necesidades del otro es recurrir a la negociación integrativa y a un buen proceso de comunicación. La negociación integrativa, de acuerdo a los profesores de Harvard, Ury y Fisher, consta de varios elementos: la relación, la comunicación, la postura, los argumentos, el interés, las opciones, la referencia o estándar, la legitimidad, la alternativa al acuerdo y el acuerdo como tal.

La sugerencia para llegar a entablar una buena comunicación entre las partes, si los fantasmas del conflicto están muy anclados, es recurrir a una tercera parte que medie entre los dos fantasmas en conflicto. Esta tercera parte, llamémosle "el neutral", puede usar su don de discernimiento, templanza y fortaleza, para ir dominando poco a poco esos fantasmas y hacer ver a las partes la realidad de la situación. Para que el neutral pueda entender las necesidades de ambos, se sugiere seguir los pasos de la comunicación en tercera posición o, bien, la formula de preguntar, verificar, proponer y afirmar. De tal forma, quedarán explícitas las necesidades reales de ambas partes y se estará en posibilidad de generar opciones que satisfagan las necesidades prioritarias. Aun en casos extremos, los fantasmas del conflicto se pueden desvanecer para dejarnos ver las verdaderas personas.
El problema mayor se da cuando transmitimos a terceros el fantasma que creamos de otro y se crea una percepción irreal de alguien. Al no tener retroalimentación, la

percepción se convierte en una realidad y el fantasma en la persona. Si usamos el discernimiento, evitaremos crear fantasmas de otros y hablar sin fundamentos. Esto será el primer paso para entender al otro, dándole la oportunidad de hablar y de presentarse a sí mismo sin dejarnos llevar por las inferencias.

ESTUDIO DE CASO: EL VIAJE DE WENAMÓN

Wenamón era un sacerdote egipcio que viajó a Biblos (Fenicia) en representación del faraón Smendes. Su misión consistía en comprar miles de cuerdas de madera a cambio de lino, aceites y otros bienes que, valorados en oro y plata, equivalían a una suma mayor a la que un egipcio promedio lograría reunir en toda su vida. La madera de Biblios era un pedido especial para el faraón, pues con ella se construirían las barcas del rey de los dioses, AmónnRe. Durante el viaje, Wenamón llegó a un puesto de avanzada del imperio egipcio y fue robado. En su angustia, Wenamón envió una carta al faraón Smendes quejándose de su mala suerte y pidiéndole que le enviara de nuevo las mercancías para intercambiar.

Tras ser robado, Wenamón culpó a los locales, aunque el verdadero ladrón había sido alguien de su tripulación. El rey de Biblos se negó a verlo durante veintinueve días, pero uno de los sacerdotes del rey intercedió para que el soberano lo escuchara, ya que Wenamón llevaba consigo una figura portátil del dios Amón-del-Camino, y los fenicios sabían que no les convenía negarse a escuchar a su representante. En el relato, descubierto en 1891 y considerado como una obra maestra literaria del último período del Imperio Nuevo, Wenamón casi suplicó al rey de Biblos que le vendiera la madera. En el intercambio de diálogos que sostienen, podemos observar cómo los fenicios usaban principios y herramientas de los que ya hemos hablado. En éste, el último apartado de nuestro libro, retomaremos el relato de Wenamón como un estudio de caso para aterrizar algunos conceptos.

* * *

[13]En el año 5, el cuarto mes del verano, el 16, día en que Wenamón, deán de la sala del templo de Amón, Señor de los Tronos del Doble País, salió para ir a buscar la madera para la gran y augusta barca de AmónnRe, Rey de los dioses, que está sobre el río de nombre User-hetAmón.

El día en que llegué a Tanis, a la residencia de Smendes y de Tentamón, les entregué las cartas de AmónRe, Rey de los dioses. Ellos las hicieron leer ante ellos y dijeron: "Yo actuaré, yo actuaré como AmónRe Rey de los dioses, nuestro señor lo ha dicho". Ocupé el tiempo hasta el cuarto mes del verano permaneciendo en Tanis. Luego Smendes y Tentamón me enviaron con el capitán de navío Mengebet y descendí sobre el poderoso mar de Siria el primer día del primer mes de la inundación. Llegué a Dor, una ciudad de los cheker, y Beder, su príncipe, me hizo traer cincuenta panes, una medida de vino y una pierna de buey.

[13] *ANET 25-29*

Entonces un hombre de mi barco huyó después de robar un vaso de oro de cinco deben, cuatro vasijas de plata de veinte deben y un pequeño saco con once deben de plata. Por la mañana me puse en camino y fui allí donde estaba el príncipe. Le dije: "He sido robado en tu puerto; tú eres el príncipe de este país y, por tanto, eres su juez. Busca mi dinero. En verdad este dinero pertenece a AmónRe, el Rey de los dioses, el Señor del Doble País; pertenece a Smendes, pertenece a Herihor, mi señor, y a los otros grandes de Egipto. Te pertenece, pertenece a Uaret, pertenece a Mekmer y pertenece a Chakarbaal, príncipe de Biblos". Luego él me respondió: "¿Hablas en serio o inventas? Mira, yo no sé nada de este asunto que me has contado. Si el ladrón que ha subido a tu barco y ha robado tu dinero perteneciese a mi país, yo te lo habría restituido de mi tesoro hasta que se hubiera descubierto al ladrón, cualquiera que sea su nombre. Pero, en verdad, el ladrón que te ha robado te pertenece y pertenece a tu barco. Pasa algunos días aquí cerca de mí para que yo le busque". Entonces yo pasé nueve días aquí atracado en su puerto, luego fui a buscarle y le dije: "Y bien, no has encontrado mi dinero. Permíteme partir con el capitán del barco y con aquellos que viajan por mar". El me respondió: "Cállate... escucha mis palabras y actúa como yo te he dicho... allí donde tú estés, tú te apoderarás de su... y te apoderarás también... hasta que ellos hayan ido a buscar al ladrón que te ha robado... Mira, tú actuarás de esta manera".

Llegamos a Tiro. Salí de Tiro al alba para ir a casa de Chakarbaal, príncipe de Biblos... En el barco encontré treinta deben de plata y me apoderé de ellos. Luego dije a las gentes del barco: "Yo tengo vuestro dinero y me lo quedaré hasta que vosotros hayáis encontrado mi dinero o a aquel que lo ha robado. Yo no os he robado, lo confiscaré mientras espero. En cuanto a vosotros..." Entonces ellos huyeron.

Yo disfrutaba de mi triunfo en una tienda al borde del mar en el puerto de Biblos; entonces encontré un escondrijo para la estatua de Amón-del-Camino y coloqué en su interior sus pertenencias. Entonces el príncipe de Biblos me envió un mensajero para decir: Aléjate de mi puerto. Y yo le envié un mensajero para decir: ¿A dónde debo ir? Si encuentras un barco para transportarme, llévame a Egipto. Pasé veintinueve días en su puerto, mientras él no cesaba de enviarme un mensajero para decirme: Aléjate de mi puerto.

Mientras él hacía sacrificios a sus dioses, el dios Amón se apoderó de un sacerdote entre sus sacerdotes, le hizo entrar en éxtasis, y le dijo: "Trae al dios en alto. Trae al mensajero que está con él. Es Amón quien le ha enviado. Es él quien le ha hecho venir". Mientras que el extático estaba en éxtasis aquella noche, yo había encontrado un barco con destino a Egipto y en él había cargado todas mis pertenencias. Yo fijaba mis ojos en el crepúsculo diciendo: "Tan pronto como la oscuridad descienda, cargaré al dios para que ningún otro ojo lo vea". Entonces el jefe del puerto vino a mí y me dijo: "Orden del príncipe, quédate hasta mañana". Yo le respondí: "No eres tú aquel que no cesaba de venir cada día diciendo 'aléjate de mi puerto'? No me digas ahora 'quédate esta noche' para dejar salir el barco que he encontrado y volver de nuevo a decirme vete". Entonces él se marchó y contó esto al príncipe. El príncipe envió al capitán del barco a decir: "Quédate hasta mañana. Orden del príncipe".

Cuando fue de día me envió a buscar y me hizo conducir mientras el dios reposaba en la tienda en que se encontraba al borde del mar. Le encontré sentado en su gabinete, la espalda vuelta hacia una ventana mientras que las olas de la gran mar de Siria ondulaban a la altura de la nuca. Le dije: "¡Que Amón te bendiga!" Él me dijo: "¿Cuánto tiempo ha pasado hasta este día desde que abandonaste la residencia de Amón?". Yo le contesté: "Cinco meses hasta hoy". El me dijo: "Veamos, ¿dices la verdad?, ¿dónde está el documento de Amón que debería estar en tus manos?, ¿dónde está la carta del Gran Sacerdote de Amón que debería estar en tus manos?". Y yo le respondí: "Se los he dado a Smendes y Tentamón". Él se indignó mucho y me dijo: "Así, pues, el documento y la carta no están en tus manos. ¿Dónde está el barco de madera de pino que te ha dado Smendes?, ¿dónde está su tripulación siria? ¿No te ha entregado a este capitán extranjero para que te mate y te arroje al mar?, ¿cerca de quién habríamos buscado entonces al dios, y a ti mismo, cerca de quién te habríamos buscado?". Así me habló y yo le respondí: "¿No es un barco egipcio? Los que reman para Smendes constituyen una tripulación egipcia; no hay tripulación siria". Él me dijo: ¿No hay aquí en mi puerto veinte barcos que mantienen relaciones con Smendes? Y en Sidón, donde tú vas también, ¿no hay allí igualmente cincuenta navíos que mantienen relaciones con Uarkater y que se dirigen hacia su casa?". Yo me callé un largo rato, luego él respondió y me dijo: "¿Con qué misión has venido?". Entonces yo le dije: "He venido por madera para la grande y augusta barca de AmónRe, Rey de los dioses. Tu padre la ha suministrado, tu abuelo la ha suministrado y tú la suministrarás igualmente". Así hablé y él me dijo: "Ellos la han suministrado, es verdad, y si me das algo para que la suministre, yo la suministraré. Ciertamente los míos han ejecutado esta orden, pero el faraón, Vida, Salud, Fuerza, había enviado seis barcos que estaban cargados de bienes de Egipto que se descargaron en sus almacenes. Pero tú, ¿qué me traes a mí?".

Podríamos inferir del texto que el sacerdote egipcio no le genera confianza y credibilidad al monarca fenicio, quien se rehúsa a recibirlo por la situación y el contexto en el que el egipcio estaba inmerso. En el curso de su primera reunión, el monarca fenicio hace las preguntas pertinentes para generar la confianza necesaria. Podríamos debatir que el monarca de Biblos está usando el don de **discernimiento** al hacer todas esas preguntas y, hasta cierto punto, un grado de **prudencia** para entender qué necesitaba Wenamón y cuál era su misión. En el siguiente diálogo veremos cómo el monarca fenicio recurre a la **fortaleza** y la **templanza** al no bajar la cabeza ante el sacerdote enviado por el faraón.

Él envió a buscar el registro diario de su padre y lo hizo leer ante mí. Encontramos mil deben de plata de diferentes cosas que estaban inscritas en su registro. Me dijo: "Si el soberano de Egipto fuese el amo de mis bienes y yo su vasallo, él no habría enviado plata y oro diciendo 'ejecuta la orden de Amón'. No eran regalos lo que ellos traían a mi padre. En cuanto a mí, yo no soy tu vasallo y no soy el vasallo de aquel que te ha enviado. Cuando yo hablo con voz fuerte en el Líbano, el cielo se abre y los árboles se acuestan aquí, al borde del mar. Dame las velas que has traído para conducir a Egipto tus barcos cargados de tus maderas. Dame los cables que has traído para unir los cedros que debo cortar y proporcionarte... Las velas de tus barcos serán insuficientes, las cabezas (de proa y de popa) serán muy pesadas, se partirán y perecerás en medio del mar. Mira, Amón ruge en el cielo después de haber dejado a Sutej, dios de la tormenta, desatarse en su momento. Amón ha fundado todos los países, él los ha fundado después de haber fundado el país de Egipto, de donde tú vienes. La perfección ha salido de Egipto hasta alcanzar mi propio país. La sabiduría ha salido de Egipto para alcanzar mi propio país. ¿Qué significan estos locos asuntos que te hace realizar?" Yo le respondí: "Eso es falso; no son asuntos locos aquellos en los que estoy metido. No existe ningún barco sobre el río que no pertenezca a Amón. De él es el mar, de él es el Líbano del que tú has dicho me pertenece; constituye el dominio de UserhatAmón, la reina de todas las barcas sagradas. En verdad, así ha hablado AmónRe, el Rey de los dioses, a Herihor, mi señor: 'Envíame', y él me ha hecho salir con este gran dios. Pero mira, tú has hecho esperar a este gran dios veintinueve días mientras él estaba en tu puerto, aunque sabías que estaba aquí. ¿No es el mismo que ha estado siempre? Sin embargo, tú permaneces allí para regatear el líbano a Amón, su propietario, y cuando dices que los antiguos reyes han hecho traer el oro y la plata, yo te respondería: si hubieran tenido a su disposición la salud y la vida, no hubieran enviado las mercancías. Ellos han enviado las mercancías a tus padres en lugar de la vida y la salud. AmónRe, Rey de los dioses, es el señor de la vida y la salud y era también el señor de tus padres; durante toda su existencia ellos han hecho sacrificios a Amón. Tú también eres servidor de Amón. Si dices 'yo actuaré, yo actuaré para Amón', y si ejecutas su orden, entonces vivirás, tendrás salud, serás grato a todo tu país y a tu pueblo. No codicies la propiedad de AmónRe, Rey de los dioses. En verdad, un león ama sus bienes. Tráeme a tu escriba para que le envíe a Smendes y a Tentamón, los regentes que Amón ha colocado al norte de su país, y ellos harán que se te traiga todo lo que es necesario. Yo le enviaré hacia ellos diciendo: Que se traiga esto hasta que yo vuelva al sur. Entonces te devolveré todo lo que te debo, todo". Así le hablé.

Aquí podemos observar que el sacerdote egipcio llevó la negociación a un nivel más espiritual. Los monarcas fenicios, aparte de buenos negociantes, eran muy religiosos. Al apelar al poder del rey de los dioses, convenció al monarca fenicio de enviar un mensajero a Egipto.

Él puso mi carta en manos de su mensajero y cargó la quilla, la cabeza de delante y la cabeza de detrás, y también cuatro maderos, en total siete piezas, y los envió a Egipto. Su mensajero que había ido a Egipto volvió a mí en Siria en el primer mes del invierno. Smendes y Tentamón enviaron: cuatro vasijas y un vaso kkmn de oro; cinco vasijas de plata; diez piezas de tejido de lino real; diez paquetes de buen lino del Alto Egipto; quinientos rollos de papiros; quinientas pieles de buey; quinientas cuerdas; veinte sacos de lentejas, treinta cestos de pescado, y ella [Tentamón] me envió cinco piezas de tejido de buen lino del Alto Egipto, cinco paquetes de buen lino del Alto Egipto, un saco de lentejas, cinco cestos de pescado.

Entonces el príncipe se alegró y puso a trabajar a trescientos hombres y a trescientos bueyes y colocó vigilantes al frente para derribar los árboles. Se derribaron y pasaron el invierno extendidos en el lugar. En el tercer mes del verano se les arrastró hacia el borde del mar. El príncipe salió y se colocó cerca de ellos. Entonces envió a decirme: Ven. Cuando yo hube avanzado hacia él, la sombra de su parasol cayó sobre mí. Entonces Penamón, un servidor suyo, se colocó entre nosotros y dijo: "La sombra del faraón, Vida, Salud, Fuerza, tu señor, ha caído sobre ti". El príncipe se enfadó con él y dijo: "Déjale". Yo volví cerca de él. Él tomó la palabra y me dijo: "Ves, la misión que mis padres habían ejecutado antes yo la he ejecutado, aunque tú no has hecho por mí lo que tus padres hicieron (por los míos). Mira, el resto de la madera ha llegado y está aquí. Actúa como yo deseo y ven para cargarla. Pero no vengas a contemplar el terror del mar. Si miras el terror del mar, tendrás que contemplar también el mío. En verdad, no te he hecho lo que se hizo a los mensajeros de Jamuaset cuando pasaron diecisiete años en este país; ellos murieron allí donde estaban". Luego dijo a su servidor: "Tómale y muéstrale su tumba, en la que ellos reposan". Yo le dije: "No me la enseñes. En cuanto a Jamuaset, estos son hombres que él te había enviado como mensajeros, y él también era un hombre; pero tú no tienes (ante ti) a uno de sus mensajeros y sin embargo dices 'Ve y mira a tus compañeros'. No deberías alegrarte y hacerte hacer una estela e inscribir en ella: Amón-Re, Rey de los dioses, me ha enviado (la estatua) de Amón-del-Camino (como) su mensajero, Vida, Salud, Fuerza, y a Unamón como a su embajador humano para buscar la madera destinada a la gran y augusta barca de AmónRe, Rey de los dioses. Yo la he derribado [la madera], yo la he cargado y he prestado mis barcos y mi tripulación y los he dejado alcanzar Egipto para pedir en mi favor a Amón cincuenta años de vida, además de lo que había sido fijado por el destino. Y quizá pueda producirse esto: si alguna vez en el futuro viene del país de Egipto un mensajero que conozca la escritura y lea tu nombre en la estela, entonces recibas agua del occidente, como los dioses que están allí". Entonces él me dijo: "Lo que me acabas de decir es un buen consejo", y yo le respondí: "En cuanto a las numerosas cosas que me has dicho, si llego al lugar donde se encuentra el Primer Profeta de Amón, y si él ve de qué modo tú te has ocupado de tu misión, será tu misión la que te hará recibir algo".

En el pasaje anterior, el sacerdote egipcio ha negociado con el monarca fenicio dentro una dimensión religiosa y espiritual. Podemos inferir que el fenicio disfruta esta conversación, pues le responde a Wenamón que lo que le acaba de decir es un buen consejo.

Me fui al borde del mar, al lugar donde las maderas estaban amontonadas y vi once barcos que llegaban del mar. Pertenecían a los cheker y tenían esta consigna: Aprisionadle y no dejéis ir al país de Egipto a ninguno de sus barcos. Entonces me senté y me puse a llorar. El escriba del príncipe vino hacia mí y me dijo: "¿Qué te pasa?". Yo le respondí: "¿No ves los pájaros migratorios que por segunda vez van a Egipto?; míralos, ellos parten hacia las aguas frescas. ¿Cuánto tiempo debo permanecer aquí?, ¿no ves a aquellos que vienen para aprisionarme?". El escriba fue a contárselo al príncipe y el príncipe se puso a llorar a causa de las palabras que se le decían, pues eran tristes. Me envió a su secretario y éste me trajo dos vasijas de vino y un carnero. Me hizo traer a Tanetet, una cantora egipcia que estaba con él, con esta misión: "Canta para él, no permitas que su corazón se llene de pesares". Y él me mandó decir: "Come, bebe, no permitas que tu corazón se llene de pesares; mañana oirás lo que tengo que decir".

En este diálogo podemos ver claramente el sentido de *Tradeables* que ofrece el monarca fenicio a Wenamón. El monarca hace todo lo posible para que Wenamón se sienta bien. Está triste y desolado, pero el fenicio le manda una cantante para que pase un buen rato.

Cuando llegó la mañana, convocó el consejo, se colocó en medio de ellos y dijo a los cheker: "¿Qué habéis venido a hacer aquí?". Ellos le respondieron: "Hemos venido en persecución de estos miserables barcos que tú envías a Egipto con nuestros adversarios". Entonces él les dijo: "No puedo detener al mensajero de Amón en mi propio país. Dejadme despacharle, luego vosotros le perseguiréis para detenerle".

El monarca fenicio se comporta ante los cheker de manera muy justa y prudente y, como conclusión, deja ir a Wenamón de manera equitativa.

Él me embarcó y me envió desde aquí al puerto de mar. El viento me empujó al país de Alashia [Chipre]. Los de esta ciudad salieron contra mí para matarme, pero yo me abrí camino entre ellos hasta el lugar donde estaba Hateb, la princesa de la ciudad. Yo la encontré cuando ella salía de una de sus casas y entraba en otra. La saludé y dije a las gentes que se hallaban cerca de ella: "¿No hay ninguno entre vosotros que comprenda la lengua egipcia?". Uno de ellos respondió: "Yo la comprendo". Entonces le dije: "Di a mi Dama que yo he oído decir desde la ciudad de Tebas, la ciudad donde se encuentra Amón, que la injusticia se cometía en toda ciudad pero que la justicia se practicaba en la ciudad de Alashia. Sin embargo, la injusticia se comete aquí cada día" Ella me dijo: "¿Qué quieres decir?". Yo le respondí: "Ahora que está el mar enfurecido y que el viento me ha empujado hacia el país en el cual tú te encuentras, no dejarás que me prendan para matarme, pues soy un mensajero de Amón. Presta atención: A mí se me buscará hasta el final de los tiempos. En cuanto a esta tripulación del príncipe de Biblos que ellos quieren matar, si su señor encuentra a diez de tus tripulantes, ¿no los matará también?". Entonces ella hizo llamar a las gentes, las acusó y me dijo: "Pasa la noche...".

El relato termina aquí, pero es probable que Wenamón haya regresado a Egipto, ya que si no lo hubiera hecho, no existiría el testimonio de su viaje.

RESUMEN DE LOS CAPÍTULOS

En el primer capítulo, **Negociar con fe,** aprendimos que desde el silencio podemos encontrar la plenitud, y en la obscuridad, la oportunidad. Además de introducir el concepto de negociación transgeneracional, revisamos las nociones de negociación con sentido, la identidad y la creación de desierto para motivar la búsqueda de mejores soluciones y potenciar nuestras capacidades para SER y trascender. Analizamos también el trueque y la herencia fenicia como herramientas básicas que nos ayudan a ir más allá de lo transaccional. Revisamos cómo incorporar la noción de bien común a la negociación transcendental y la necesidad de responder las dos preguntas fundamentales para este libro: cómo trascendemos y si es posible hacerlo desde la fe. Llegamos a la conclusión de que sólo es posible hacerlo si construimos nuestras relaciones sobre los pilares de la ética. Para darle sentido a una negociación y no perdernos en el camino, es recomendable que actuemos desde una visión lineal de la historia, pues ésta nos permite interpretar los acontecimientos como oportunidades para construir.

En los siguientes capítulos del libro analizamos, una a una, las virtudes principales y su efecto en la negociación trascendental. Comenzamos en el capítulo II por **la**

prudencia, el ejercicio de una fuerza interior que implica conocernos a nosotros mismos. Estudiamos la negociación colaborativa a partir de nuestra experiencia con jóvenes en Guatemala, comprometidos a hacer el bien en su vida cotidiana. Exploramos los conceptos de la negociación integrativa y los *Tradeables*, una técnica basada en la filosofía del dar, que coloca a la prudencia en el centro de las acciones de un negociador. Para ello, recurrimos a las Ventanas de Johari, una herramienta que nos permite analizar y clasificar las necesidades del cliente. Hicimos lo mismo con el negociador en su papel del donante y con las distintas emociones que se generan en el cliente al ver sus necesidades satisfechas. Esto nos ayudó a entender la profunda conexión y el lazo de fidelidad entre cliente y proveedor. Contrastamos estas categorías con la escala de satisfacción que propone López Quintás, en la que puede apreciarse una relación directamente proporcional entre la satisfacción de una necesidad y la profundidad del vínculo entre las personas. Por ejemplo: en el nivel 2 de la escala López Quintas, el objeto negociado transporta un significado y un valor mayor que el objeto mismo; desde el punto de vista de los *Tradeables*, equivale a dar un valor trascendente a los objetos como símbolos de una relación. En resumen, generar *Tradeables* nos pone en el camino de una negociación trascendental. Así concluimos que una negociación no puede convertirse en un acto imprudente, reactivo o impulsivo que responda al instinto ciego y a las pasiones.

En el capítulo III, definimos qué es **la justicia** y cómo podemos trascender desde esta virtud. Lo que caracteriza a la justicia con respecto a la prudencia, es que la segunda se dedica a perfeccionar al "yo" aconsejándole lo que le conviene. La justicia, en cambio, tiene como tarea generar orden en todo aquello que nos pone en relación con los demás. Una persona es justa en la medida en la que reconoce la alteridad (la diferencia y la identidad del otro) y procura dar a cada quien lo que corresponde. Aprendimos que la justicia como virtud humana reside, en última instancia, en una fuerza motivacional interior y no tanto en una voluntad de poder. Esto quiere decir que la verdadera negociación, para que sea justa, no necesita tanto de la *potestas* (poder) como de la *autoritas* (autoridad). Al abordar el tema de la justicia social, analizamos la paradoja de cometer una injusticia cuando creemos ser justos y viceversa. Para quienes no creen en una entidad trascendente, la justicia es relativa; para los que sí, la justicia es absoluta. A fin de cuentas, esta situación es como el dilema del negociador: ¿colaboro o compito, soy justo o injusto?

En el capítulo IV, analizamos **la fortaleza** y mostramos algunos caminos para transformar la vulnerabilidad en fuerza interior y trascender en la negociación. En primer lugar, ser fuerte implica actuar con justicia, ya que la fortaleza sin justicia se convierte en palanca del mal. También analizamos cómo ir contra la ira y el miedo en la negociación, y para ello recurrimos a los cinco estilos de manejo de conflicto de Thomas Kilman. Confirmamos que la fortaleza no es el resultado de pasar por dificultades o de esfuerzo, sino de generar bienes para todos. A partir de esa idea, repasamos la relación entre gratitud, gratuidad y fortaleza. Finalmente, exploramos la fortaleza psíquica y la resiliencia, indispensables para todo ser humano que desee trascender.

La **templanza**, el tema del quinto capítulo, es la virtud que defiende y guarda al ser protegiéndolo de sí mismo, ya que en el ser humano anida también una tendencia a ir contra la propia naturaleza. Hemos de recuperar el sentido profundo y antropológico de esta virtud, especialmente cuando la incorporamos en un ámbito tan *sui generis* como la negociación, donde prevalecen la tensión y el conflicto. Aprendimos que una persona moderada es dueña de sí misma; en ella, las pasiones no consiguen superioridad sobre el razonamiento, la voluntad y el corazón. Ése es el valor fundamental y radical de la virtud de la templanza, indispensable para que el ser humano alcance la plenitud. En situaciones de negociación, necesitamos integrar la dimensión afectiva y cultural para evitar caer en malos entendidos. La templanza es una virtud que integra todas las facultades del ser humano de una manera armónica, y para ilustrarlo, compartimos la historia de mis dos amores eternos, las ciudades de Cádiz y Puerto Vallarta, que me enseñaron a practicar la templanza para negociar un proyecto de gran envergadura. Moderar voluntarismos y llegar objetivamente a soluciones que satisfagan a la mayor parte de los involucrados es parte del ejercicio.

En el último capítulo hablamos sobre **el discernimiento**. Éste nos ayuda a afinar la distinción de lo que aparenta tener el mismo valor y que de hecho no lo tiene.

Describimos algunos pasos para realizar elecciones con sentido de trascendencia. También analizamos el relato de una tribu cherokee, los tres pensamientos de los historiadores antiguos y la triada freudiana para explorar la dimensión espiritual (ánima o psique) constitutiva del ser humano. Los tres coinciden en un mismo aspecto: una de las maneras en las que la dimensión espiritual se manifiesta es a través del discernimiento. Sin él seríamos incapaces de distinguir aquello que nos acerca o nos aleja de la trascendencia. También propusimos un termómetro diario de la negociación basado en las herramientas psicológicas de resonancia y disonancia. La resonancia, dentro del contexto de esta obra, significa percibir intuitivamente si los conceptos presentados aquí tienen eco en nuestro interior desde el punto espiritual, y no tanto desde el intelecto. La disonancia es la falta de conformidad o proporción que naturalmente deben tener algunas cosas. Finalmente, presentamos dos referencias muy útiles, las catorce reglas para negociar con fe y el *Relato de Wenamón*, sacerdote egipcio, como estudio de caso para aterrizar algunos conceptos del libro.

CONCLUSIÓN GENERAL

Para lograr negociaciones trascendentales, el ser humano debe de superarse a sí mismo y pensar en el impacto que sus negociaciones tendrán en generaciones futuras. Ante los grandes problemas de desarrollo por los que atraviesa la humanidad, y que a veces nos conducen al desasosiego y el abatimiento, la palabra de Dios nos anima: "Yo estoy con ustedes todos los días, hasta el final del mundo" (Mt 28, 20). Un humanismo abierto y trascendente nos puede guiar para realizar formas de vida social y civil a todos los niveles: estructuras, instituciones, cultura, etcétera.

La principal fuerza impulsora del auténtico desarrollo es la caridad (de *caritas*, amor), un ímpetu extraordinario que nos mueve a comprometernos con valentía y generosidad en relaciones donde imperan la justicia y la paz. Es una fuerza que tiene su origen en Dios. Desde hace cuatro mil años, eso lo sabían muy bien quienes, hasta hoy, siguen siendo los mejores negociadores de la historia, los fenicios. La prosperidad de su comercio iba de la mano del agradecimiento a sus dioses, manifiesto en los templos que construían en todos los puntos del Mediterráneo que conquistaban pacíficamente. Podríamos inferir que esta relación divina es la que hacía que actuaran de manera transcendental.

Defender la verdad, proponerla con humildad y convicción y testimoniarla en la vida son formas exigentes e insustituibles del impulso amoroso que habita en la mente y el corazón de todo ser humano, esa fuente que nos revela nuestra misión trascendente. Cuando nos conducimos con verdad, escuchamos atentamente y evitamos caer en las determinaciones culturales e históricas y apreciar el valor de las personas y las cosas.

Somos pensamiento, sentimiento y acción. Una manera de abrirnos a la trascendencia no sólo en cada relación sino en cada negociación, es poner en práctica las herramientas y los valores que proponemos en este libro, no sólo por su potencial del interacción comercial sino por las alternativas que nos brindan para el manejo de conflictos presentes en nuestro día a día. Éstos son inevitables, lo importante es gestionarlos con integridad, colocando al discernimiento, la prudencia, la justicia, la fortaleza y la templanza como la columna vertebral que no está sujeta a convencionalismos de turno, sino a fundamentos de primer orden. De los antiguos hemos aprendido que ser prudente, fuerte, templado y justo, pero también agradecido y sagaz, son condiciones necesarias para lograr un alto rendimiento en el proceso de negociación. Estos aprendizajes nos proyectan hacia un futuro abierto, es por eso que este libro, más que ofrecernos respuestas en el camino, nos plantea una pregunta esencial de inicio a fin: *Quo vadis*, ¿a dónde vas, negociador? La dirección y el sentido de lo que hacemos revelará nuestra calidad como negociadores y seres humanos trascendentales.

Negociar es lo opuesto a manipular, a tomar ventajas abusivas y con beneficios unilaterales. Sólo conociendo a nuestro interlocutor desde la dimensión humana, respetando su dignidad, hablando con la verdad y honrando los acuerdos, llegaremos a trascender como los fenicios, los mejores negociadores de la historia.

LO QUE DICEN LOS EXPERTOS

Habib Chamoun ha culminado una obra brillante por su modo de crear miradas introspectivas en el "alma" de la negociación y de combinar perspectivas antropológicas, éticas y teológicas. Así, da a luz a una nueva mirada, denominada por su autor como "negociación trascendental". Los lectores descubrirán un lado renovador en la negociación, considerándola no sólo una técnica, sino también el camino que conduce hacia una vida virtuosa.

Dr. Roy Lewicki
Profesor emérito de Management and Human Resources
Max M. Fisher College of Business, The Ohio State University

Habib Chamoun echa un vistazo a la mente del negociador trascendente para mostrarnos que nos urge trascender en lo transaccional. Principios como prudencia, justicia, templanza, fortaleza y discernimiento juegan un papel importante en la interacción humana, que potencialmente es una oportunidad de negociación. Este libro ofrece una atractiva meditación práctica sobre asuntos de la negociación que a menudo son pasados por alto.

Dr. Larry Susskind
Profesor del MIT y cofundador del Programa de Negociación
Escuela de Leyes de Harvard, Boston, Massachusetts

Cada vez que negocias, defines tus valores. Sí, buscas avanzar tus propios intereses, o los de las personas y organizaciones que representas. Pero todas las acciones que emprendas, todo lo que hagas y digas también establece tu carácter.

Pero, ¿qué le debes, si acaso, a la gente que está al otro lado de la mesa de negociación? ¿Debes siempre ser justo? ¿Tienes que ser honesto? Más fundamentalmente, ¿qué es justicia y honestidad en la negociación?

El libro audaz e inspirador del Dr. Habib Chamoun-Nicolás responde a estas difíciles preguntas con la sabiduría de su impresionante experiencia y de sus trabajos académicos. Explica cómo el éxito en la negociación, y en la vida en general, requiere de prudencia, justicia, fortaleza, templanza y discernimiento. Su innovador libro merece un lugar de honor en la estantería de toda persona que tome el tema de la negociación seriamente.

Dr. Michael Wheeler
MBA Class of 1952 y profesor de Management Practice
Harvard Business School
Soldiers Field de Boston, Massachusetts

El doctor Habib Chamoun-Nicolás ha vuelto a realizar en este libro un trabajo verdaderamente impresionante. No sólo sorprende por su magnífica redacción y agradable lectura que hace imposible dejar de leerlo, sino por sus conocimientos de muy diversa índole sobre negociación, así como su afortunada aproximación al acervo histórico. Un libro escrito desde la sabiduría, la inteligencia, la alegría y la bondad. Una lectura fascinante incluso para los legos en el tema, como es mi caso.

Dr. Carlos G. Wagner
Presidente del CEFYP (Centro de Estudios Fenicios y Púnicos)
Universidad Complutense de Madrid, España

Como de costumbre, el doctor Habib Chamoun-Nicolás ha proporcionado un trabajo extraordinario con este aporte a la disciplina de la negociación, que seguramente le servirá a todo público: investigadores, diplomáticos, estudiantes y especialistas del tema. Este libro brillantemente escrito es fácil de leer e invita al lector interesado en la negociación a conocerse a sí mismo y a aprender unos de otros con el fin de llevar a cabo juntos una negociación ganar-ganar.

Dr. Doudou Sidibé
Coordinador científico de la Bienal Internacional de Negociación
NOVANCIA Business School de Paris, Francia

El doctor Habib Chamoun-Nicolás y sus colaboradores ofrecen en *¡Trasciende!* no sólo una forma ética de conducirse para los negociadores, sino también para los que están en cualquier posición de liderazgo. Las antiguas virtudes cardinales de justicia, prudencia, templanza y fortaleza son el lente a través del cual la acción discernida pasa de lo transaccional hacia lo trascendental. Esta obra, además de proveer una visión de colaboración corresponsable, ayudará a los líderes, entre ellos los de las congregaciones religiosas, a ser más eficaces en su funcionamiento.

Very Rev. Frank Donio, S.A.C., D. Min
Director del Centro de Apostolado Católico, Washington, DC.

Habib escribe en un tono cercano, como da sus cursos y talleres, salpica su obra con anécdotas que hacen que el lector quede prendado de la lectura y se sumerja en ella para saborear la profundidad de lo escrito. *¡Trasciende!* nos plantea un esquema que va más allá del ganar-ganar. Afirma que si se quiere tener una negociación que perdure a largo plazo –como lo hicieron los fenicios hace más de dos mil años–, ésta debe realizarse con ética y conforme la ley natural. Así como es importante el resultado, también lo es el camino para llegar a él; hay que saber discernir y ejercer las virtudes de la prudencia, la justicia, la fortaleza y la templanza, contraponiéndose al ego, la hipocresía, la arrogancia y la envidia. Chamoun-Nicolás nos muestra que la confianza y la escucha activa son importantes, mientras que la desconfianza y la intriga son cánceres de la negociación. El libro nos recuerda que la persona vale por lo que es, no por lo que tiene o hace. Ser buen negociador es conectarse con uno mismo y encontrar el sentido de nuestras acciones. Toda relación humana implica una negociación, por ello considero imprescindible leer *¡Trasciende!*

Antonio Sánchez Díaz de Rivera
Director General de Vinculación
Universidad Popular Autónoma del Estado de Puebla, México

¡Transciende!, el libro del Dr. Chamoun, está escrito sobre una profunda base humanística y espiritual. De manera brillante, Habib presenta las cuatro virtudes cardinales y su desarrollo desde una visión amplia y transcendental. Las grandes experiencias relatadas en el libro, además de amenizar, resultan divertidas, logrando que los lectores conecten con las historias y las recuerden. Las historias de negociación basadas en el éxito constituyen el corazón de esta obra.

Dr. Karl Josef Wallner, Cisterciense
Profesor y Rector de la Philosophisch-Theologische Hochschule
Benedikt XVI, Heiligenkreuz
Monasterio Cisterciense de la Santa Cruz de Viena, Austria

Siempre he creído que cualquier cambio empieza en cada uno, pues lo que nos rodea es reflejo de lo que pensamos, decimos, hacemos y dejamos de hacer. Todo tiene un impacto en nuestro entorno, de ahí la importancia de considerar lo que *¡Trasciende!* nos recuerda, no sólo para lograr negociaciones exitosas, sino sobre todo para ser más felices: la importancia de aprender a discernir y elegir correctamente, conscientes de que somos lo que repetidamente hacemos, genera la posibilidad de convertirnos en personas extraordinarias dependiendo de nuestra libre elección. Para mí, la libertad es la llave maestra de todas nuestras posibilidades y de todas nuestras creaciones. El reto es entender que libertad y responsabilidad son dos caras de la misma moneda. Para ser libres y elegir correctamente, es imprescindible que seamos responsables de nuestras palabras y acciones. Como se afirma en estas páginas, la primera responsabilidad que debemos asumir es conocernos a nosotros mismos para lograr encontrarnos con nuestro propio ser, nuestra esencia, para después conectar con los demás y alcanzar la prosperidad. Al final, la única manera de trascender es distinguiendo entre lo que abona a mantener lo efímero y lo que contribuye a construir lo eterno. Aprendimos que ahí donde está nuestro tesoro, está nuestro corazón. No desaprovechemos la oportunidad de vivir intensamente cada día con enorme pasión, transmitiendo ese entusiasmo a todas las personas que encontremos en el camino, ya sea en una negociación o en otro contexto. Amar la Verdad y defender la Libertad es la vocación que todos compartimos. Tomemos las decisiones correctas, aún estamos a tiempo.

Armando Regil Velasco
Presidente del Instituto de Pensamiento Estratégico Ágora A.C. (IPEA)

La vida diaria es un continuo acto de negociar, en la casa, la oficina, al ir de compras o en la vía pública. Hay quienes no han desarrollado esa habilidad de negociar, y no todas las formas de hacerlo son iguales. En la sociedad actual, dominada por formas cada vez más refinadas de egoísmo, se piensa en negociar queriendo optimizar sólo el beneficio personal, lo que termina en relaciones humanas cada vez más pobres, donde reina la desconfianza, el abuso o la indiferencia.

El gran mérito de este libro es, precisamente, que el autor nos invita a trascender en la negociación. La sociedad contemporánea necesita de mujeres y hombres que sean grandes negociadores, que sepan gestionar los grandes valores de la justicia, la solidaridad, la verdad o la belleza, y que no tengan reparo alguno para hacer el bien, hacerlo bien, y siempre lo mejor que se pueda. Hay muchas vidas frustradas que viven en la marginación, la amargura, la tristeza o la soledad por no saber cultivar el arte de la negociación, de trascenderla dentro y fuera de la familia, de no querer demostrar en la práctica la capacidad humana de buscar la felicidad en el bien de los demás, con el propósito de vivir un "te quiero bien, quiero tu bien, quiero para ti lo mejor".

Por sus páginas de historia y sus anécdotas ilustrativas y amenas, *¡Trasciende! Quo Vadis Negociador* hace amable el ideal de la virtud y de la vida buena, recordándonos lo que hace falta para construir la civilización del amor.

Dr. Guillermo Cantú
Profesor investigador
Universidad Panamericana, México, D.F.

Este libro ofrece una perspectiva antropológica de la negociación, centrándose en su dimensión moral. Chamoun-Nicolás atrae al lector con anécdotas de su propia vida, ejemplos de textos históricos y religiosos, y reflexiones elaboradas a través de los años que ponen en relieve los principios éticos de un negociador exitoso.

Audrey Tetteh
Directora del Programa de Educación, Proyecto ICONS
Universidad de Maryland

BIBLIOGRAFÍA

ADLER, N. J. *Negotiating with Foreigners. Society Culture and Management*. Berlin, T. D. Weinshall, Walter de Gruyter & Co, 1993, 501-535.

ADLER, A. *Problems of neurosis: A book of case histories*. P. Mairet, Ed., New York: Harper & Row, 1964.

AFIFI Soweid, Rema A, El Kak, F, Major, S. C, Karam, D. K, Rouhana A. *Changes in Health-Related Attitude and Self-Reported Behaviour of Undergraduate Students at the American University of Beirut Following a Health Awareness Course. Education for Health: Change in Learning & Practice*. Taylor & Francis Ltd., Vol. 16 Issue 3, Nov. 2003, 265.

ANDREW M. Kaikati, and Jack G. Kaikati. "Business Insight (A Special Report): Pricing --- Let's make deal: The Growing Role of Barter in the Marketplace", *Wall Street Journal*. Eastern edition, 2010.

ANTONIONI, D. *Relationship between the big five personality factors and conflict management style*. Int J Confl Manag. 1998; 9(4):336-55.

AQUINAS, St. Thomas. 1274. *Summa theologica*. Calvin College: Christian Classics Ethereal Library, Part II, Question 26, Article 4. Available at http://www.ccel.org/browse/bookInfo?id=aquinas/summa (última consulta, Marzo 29, 2009).

BARRETO, L. *The role of ontological coaching on assuring quality: An approach for the professional competencies of the employees*. Master Thesis, UAT, México, 2009.

BASTON, C. D., B. Duncan, P. Ackerman, T. Buckley, and K. Birch. "Is empathic emotion a source of altruistic motivation", *Journal of Personality and Social Psychology,* 40(2), 1981, 290-302.

BENET-MARTÍNEZ, V and Shigehiro, Oishi. *Culture and Personality* To appear in O.P. John, R.W. Robins, & L.A. Pervin (Editors), *Handbook of Personality: Theory and Research*. Gilford Press, 2006.

BERGER, W. G. *Some correlates of attitude change, retention of attitude related material, and evaluation of the communicator*. Ph.D. dissertation, Michigan State University, 1969.

BILLING, O, Gillin, D, and Davidson, W. "Aspects of Personality and Culture in a Guatemalan Community: Ethnological and Rorschach Approaches", *Journal of Personality*. Dec 47, Vol. 16, Issue 2, p 153-187.

BOELE, D. R., and Marco, P. *Big Five assessmen*t, Hogrefe & Huber, Seattle, 2002.

BROCKMAN, J, Nunez, A, and Basu, A. "Effectiveness of a Conflict Resolution Training Program in Changing Graduate Students Style of Managing Conflict with their Faculty Advisors"*, Innovative Higher Education*, Vol. 35 Issue 4, August 2010, 277-293.

Catecismo de la iglesia católica, segunda edición, Madrid: Librería Editrice Vaticana, 2001.

CAPLAN, L. *The good advocate.* Legal Affairs (May-June), 2004. Disponible en: http://www.legalaffairs.org/issues/May-June-2004/editorial_mayjun04.msp (last accessed Mar. 29, 2009).

CARRELL, M., M. Shank, and J. Barbero. "Fairness Norms in Negotiation: A Study of American and European Perspectives", *Dispute Resolution Journal*, 64.1, 2009, 54-60.

CHAMOUN, H. and HAZLETT, R. "The Psychology of Giving and Its Effect on Negotiation", *Rethinking Negotiation Teaching Series: Innovations for Context and Culture*', edited by C. Honeyman, J. Coben, and G. DePalo, St. Paul, MN: DRI Press, 2009.

_________________ *Negotiate like a Phoenician*, Houston: Key-Negotiations, 2007.

_________________ "The Influence of Emotions in Negotiation: A Game Theory FrameWork: Educating Negotiators in a Connected World", *Rethinking Negotiation Teaching Series, Vol 4.* Edited by C. Honeyman, J. Coben, and A. Wei Min Lee. St. Paul, MN: DRI Press.

_________________, Matta Vega, A.I. "A Journey Towards Negotiation Behavioral Change", *Avoiding and Competing to Collaborate*, presented at the 5th edition of the International Biennial of Negotiation at Novancia Business School of Paris, Paris, France, 2014.

_________________, Valderrey, Fco, and Chiu, J.S.P Bartering: When Negotiations Need a Creative Approach. Vol.2. Issue 1

July 2014, TANPAN Chinese-American Journal on Negotiations, Hong Kong.

___________________, Fuller, B, Benitez, D, "Bringing the Street to the Classroom and the Student to the Street: Guided Forays into Street-wise Negotiations. Educating Negotiators in a Connected World", *Rethinking Negotiation Teaching Series*, Vol 4. Edited by C. Honeyman, J. Coben, and A. Wei Min Lee. St. Paul, MN: DRI Press, 2013.

CHARLES, T. *Ética de la Autenticidad*, Barcelona, Paidós, 1994.

CIALDINI, R. B. *Influence: Science and Practice*. 4th edition, Boston, MA: Allyn and Bacon, 2001.

______________, *Influence: The psychology of persuasion*. New York: William Morrow, 1993.

COHN, Laura. "What You Need to Know About Bartering", *Kiplinger's Personal Finance,* 63.10, 2009, 79.

COSTA, P. T., Jr. and R. M. McCrae. *Revised NEO Personality Inventory [NEO-PI-R] and Five Factor Inventory [NEO-FFI] Professional Manual*. Odessa, FL: Psychological Assessment Resources, Inc, 1992.

CURALL, S.C. and Inkpen, A.C. "A Multilevel Approach to Trust in Joint Ventures", *Journal of International Business Studies*. Washington D.C., 33.3, Third Quarter, 2002, 479-495.

DAHL, Darren. *A new kind of barter system*. Inc. 32.4, 2010, 112-114.

DANIELS, V. *International Sales: How to Excel in Global Selling* (Disc., 2004)

Diccionario Larousse: Pequeño Larousse ilustrado, Colombia: Larousse, 2000.

DRUCKMAN, Daniel, William Zartman and J. Lewis Rasmussen. "Negotiating in the International Context", *Peacemaking in International Conflict: Methods & Techniques*, Washington, D.C.: Institute of Peace, 1982.

Estelas en el aire, palabras sobre el mar: Wenamón y el monarca fenicio, Gerión, 26, 1, 2008, 23-34.

EDITORIAL Committee. *Chinese Civilization: A Source Book*. City University of Hong Kong Press: Revised Edition, 2000.

ELAINE, Allison. *Understanding How Personalities Affect Negotiations*. American Agent & Broker, 2006.

ELÍADE, Mircea. *El Mito del Eterno Retorno*, Madrid: Alianza/Emecé, 2002.

FESBACH, N. D. 'Empathy, the Formative Years: Implications for Clinical Practice, *Empathy Reconsidered: New Directions in Psychotherpy*. A. C. Bohart and L. S. Greenberg, Washington DC: American Psychological Association, 1997, 33-59.

FILZMOSER M. and R. Vetschera. "A Classification of Bargaining Steps and their Impact on Negotiation Outcomes", *Group Decision and Negotiation*. 17.5, 2008, 421-443.

FISHER R. and Ury W. *Getting to Yes,* Houghton-Mifflin, 2nd Edition, 1991.

FOSTER, D.A. *Bargaining Across Borders: How to Negotiate Business Successfully Anywhere In the World*. New York, NY: McGraw Hill, 1992.

FORSYTHE, R. S. *Assumed similarity and accuracy in observing people,* Masters thesis, Michigan State University, 1970.

FRANCISCO, Pope. *Enciclica "Laudato Si',* Rome, Italy, 2015.

FRANKL, Viktor, and Winslade, W. *Man's Search for Meaning*. Beacon Press, 2006.

FREUD, Sigmund. *An Autobiographical Study*. *The Standard Edition of the Complete Psychological Works of Sigmund Freud*. Trans. and ed. James Strachey. Vol. 20. London: Hogarth, 1959. 1–74. 24 vols. 1953–74.

FULMER, I., B. Barry, and D. Long. "Lying and Smiling: Informational and Emotional Deception in Negotiation", *Journal of Business Ethics,* 88.4, 2009, 691-709.

GEERT Hofstede. *Culture's Consequences: Comparing Values, Behaviors, Institutions and Organization across Nations*. 2nd ed, Newbury Park, CA: Sage, 2003.

GERSHMAN, Michael. "The Basics of Barter", *Management Review,* 75.11, 1986, 49.

GESTELAND, R.R. *Cross-Cultural Business Behavior: Marketing, Negotiating and Managing Across Cultures*. Copenhagen, Denmark: Copenhagen Business School Press, 1999.

GOEDICKE, H. *The report of Wenamun*, Baltimore: Johns Hopkins University Press, 1975.

GOH, B.C, Chamoun, H, Deason, E, Folberg, J, and Sukhsimranjit, S. "As We See It: Educating Negotiators in a

Connected World", *Rethinking Negotiation Teaching Series, vol 4*, edited by C. Honeyman, J. Coben, and A. Wei Min Lee. St. Paul, MN: DRI Press.

GOLDBERG, L. R. *The development of markers for the Big Five factor structure*, Psychol. Assess., 4(1), 1992, 26–42.

HAMPDEN-Turner, C.M. and Trompenaars, F., *Building Cross-Cultural Competence: How to Create Wealth from Conflicting Values*. New Haven, CT: Yale University Press, 2000.

HARNICK, Fieke and Naomi Ellemers. "Hide and Seek: The Effects of Revealing One's Personal Interests in Intra- and Intergroup Negotiations", *European Journal of Social Psychology,* 36.6, 2006, 791-813.

HARRIS, P.R. and Moran, R.T. *Managing Cultural Differences.* Houston, TX: Gulf Publishing, 5th Ed., 1996.

HERODOTUS. *The Histories*, trad. George Rawlinson, New York: Alfred A. Knopf, 1997.

HOFFMAN, K.S. and Dalin, S. D. *The Art of Barter: How to Trade for Almost Anything.* Skyhorse Publishing, New York, NY, 2010.

HOFSTEDE, G. *Cultures and Organizations*. London: McGraw-Hill, 1991.

HOLST, Sanford. *Phoenicians: Lebanon's Epic Heritage*. Los Angeles, CA: Cambridge and Boston Press, 2005.

HURN, Brian J. "The Influence of Culture on International Business Negotiations", *Industrial and Commercial Training* 39.7, 2007, 354.

JOHN, O. P. and Srivastava, S. "The Big Five trait taxonomy: History, measurement, and theoretical perspectives." Handbook of personality: Theory and research, L. A. Pervin and O. P. John, eds., Guilford, New York, 1999.

JOHNSTON, T. *Did the Phoenicians discover America?*, Houston: St. Thomas Press, 1965.

JORDAN, J. *Relational development through mutual empathy. In Empathy reconsidered: New directions in psychotherapy*, edited by A. C. Bohart and L. S. Greenberg, Washington, DC: American Psychological Association, 1997.

JUNG, C.G. *The relations between the ego and the unconscious. CW 7,* (1934 [1953]).

KAIKATI, Jack G. "The Reincarnation of Barter Trade as a Marketing Tool", *Journal of Marketing* 40.2, 1976, 17-24.

KAM-HON, Lee, Guang Yang, and John L Graham. "Tension and Trust in International Business Negotiations: American Executives Negotiating with Chinese Executives", *Journal of International Business Studies* 37.5, 2006, 623.

KOLB, D. A. *Experiential learning experience as a source of learning and development*. Upper Saddle River, NJ: Prentice Hall, 1984.

KOPELMAN S., and A. Rosette. "Cultural Variation in Response to Strategic Emotions in Negotiations", *Group Decision and Negotiation* 17.1, 2008, 65-77.

KRAY, L., and M. Gelfand. "Relief versus Regret: The Effect of Gender and Negotiating Norm Ambiguity on Reactions to Having One's First Offer Accepted", *Social Cognition* 27.3, 2009, 418-436.

LEWICKI, R. J. *Trust and trust building: Beyond intractability*. Disponible en: http://www.beyondintractability.org/essay/trust_building (consultado en Marzo 29, 2009).

____________ "Trust and distrust", *The negotiator's fieldbook: The desk reference for the experienced negotiator.* Edited by A. K. Schneider and C.Honeyman. Washington, DC: American Bar Association.

____________, Barry, B, *et al. Essentials of Negotiation*. McGraw Hill, 4th Edition, 2007.

LIN Wusun (Translator), Sunzi: The Art of War, Sun Bin: The Art of War (Foreign Languages Press, Hunan People's Publishing House, 1st Edition, 1999)

LÓPEZ QUINTÁS. *El Amor Humano*. Madrid: Edibesa, 1992.

____________. *Descubrir la grandeza de la vida*. Estella, España: Verbo Divino, 2003.

____________. *Un nuevo pensamiento en la vida empresarial*. Estella, España: Verbo Divino, 2008.

LOWNEY, C. *El Liderazgo al Estilo de los Jesuitas*, Madrid: Editorial Norma, 2008.

LUFT, J. and H. Ingham. *The Johari window, a graphic model of interpersonal awareness. Proceedings of the western training laboratory in group development*. Los Angeles: UCLA, 1995.

MAALOUF, A. *Identidades Asesinas*, Madrid: Alianza Editorial, 2012
MALCA, Haydée Quiroz. "Un Granito De Sal. Su Circulación Y Consumo En La Costa Chica De Guerrero", *Nueva Antropología: Revista de Ciencias Sociales,* 22.70, 2009, 57-86.
MARDAK, Don. "The World of Barter", *Strategic Finance* 84.1, 2002, 44-47.
MARTÍN Baena, E. "Pneumatología y Discernimiento Ignaciano". Madrid: Facultad Pontificia de Teología San Dámaso, 2003.
MATTHEWS, G. Deary, I. J. *Personality traits*, Cambridge, UK: Cambridge Univ. Press, 1998.
MENKEL-MEADOW, C and Wheeler, M. *What's Fair, Ethics for Negotiators*, ed. Jossey-Bass, San Francisco, CA, 2004.
MESSNER J. *Ética General Aplicada*, Madrid: Rialp, 1969.
MOSCATI, S. *The world of the Phoenicians*, trad. Alastair Hamilton, New York: Praeger, 1968.
O'HARA, M. "Relational empathy: Beyond modernist egocentricism to postmodern holistic contextualism", *Empathy reconsidered: New directions in psychotherapy*, edited by A. C. Bohart and L. S. Greenberg, Washington, DC: American Psychological Association, 1997.
OLEKALNS, M. and Smith, P. "Mutually Dependent: Power, Trust, Affect and the Use of Deception in Negotiation", *Journal of Business Ethics* 85.3, 2009, 347-365.

PATTON, B. "Negotiation", *Handbook of dispute resolution*, edited by M. L. Moffitt and R. C. Bordone, San Francisco: Jossey-Bass, 2005.
PEIPER, Josef. *Las virtudes fundamentales*, Madrid: Ediciones RIALP S.A., 2003.
PEREDA Bullrich, H. *La Salvación de la Historia*, Madrid: CPCR, 2010.
__________________ *Visión Bíblica, Ruta histórica de la Salvación.* Madrid: Fecom, 2010.
__________________ *2000 años de Cristianismo, Historiograma del camino de la Iglesia.* Fecom, Madrid, 2008.

PEREZ-ACINNO, J. R. "Unamón revisado", *Intercambio y comercio preclásico en el Mediterráneo: I Coloquio del CEFYP*, Madrid: 2000, 1-7.

PIEPPER J. *Las Virtudes Fundamentales*, Madrid: Rialp, 1990.

PIETRONI D., G. Van Kleef and C. De Dreu. *Response Modes in Negotiation*, Group Decision and Negotiation 17.1, 2008, 31-49.

PRESTWICH, Roger. "Cross-Cultural Negotiating: A Japanese-American Case Study from Higher Education", *International Negotiation* 12.1, 2007, 29-55.

RABADAN Pérez, F. "Neofisiocracia, Método Airo", *La Economía del Orden Natural y la Empresa Española*, Madrid, Junio 2015, Universidad CEU San Pablo.

RAIFFA, Howard. *The Art & Science of Negotiation,* Cambridge, MA: Harvard University Press, 1982.

RIVERS, Cheryl and Anne Louise Lytle. "Lying, Cheating Foreigners!! Negotiation Ethics across Cultures", *International Negotiation* 12.1, 2007, 1-28.

ROBERGE. JF., and Lewicki, R. "Should We Trust Grand Bazaar Carpet Sellers?", *Venturing Beyond the Classroom: Rethinking Negotiation Teaching Series, vol 2,* edited by Hamline Professor of Law James Coben, Hamline International Professor of ADR Law & Practice Giuseppe De Palo, and Christopher Honeyman, 2010.

SAINI, A. and K. Martin. "Strategic Risk-Taking Propensity: The Role of Ethical Climate and Marketing Output Control", *Journal of Business Ethics* 90.4, 2009, 593.

SASS, B. "Wenamun and his Levant, 1075 B.C. or 925 B.C.?", *Egypt and the Levant*, 12, 2002, pp. 247-255. Disponible en: https://www.academia.edu/928041/2002._Sass_B._Wenamun_and_his_Levant_1075_B.C._or_925_B.C._Egypt_and_the_Levant_12_247_255

SCHELLING, T. *The Strategy of Conflict*, Cambridge: Harvard University Press, 1960.

SRIVASTAVA, Joydeep and Shweta Oza. "Effect of Response Time on Perceptions of Bargaining Outcomes", *Journal of Consumer Research* 33.2, 2006, 266-272.

SMITH, H. C. *Sensitivity training: The scientific understanding of individuals*, New York: McGraw Hill. 1973.

SARTORI, Giovanni. *¿Qué es la democracia?,* México: Taurus, edición revisada, 2007.
SOSA, C. *Propuesta para un nuevo orden educativo, formativo y de capacitación profesional y laboral.* Buenos Aires, Argentina: Forthcoming, 2012.
SPAEMAN, R. *Crítica de las utopías políticas*, España: S.A. EUNSA Ediciones Universidad de Navarra, 1979.
STIEGLITZ, Robert R. *The Geopolitics of the Phoenician Littoral in the Early Iron Age, BASOR,* 1990, 297.
STRAUSS. *'Negotiations: Varieties, Contexts, Processes, and Social Order'*, Social and Behavioral Science Series, Jossey-Bass Inc Pub., 1978.
SWAAB R., M. Kern, D. Diermeier, and V. Medvec. "Who Says What to Whom? The Impact of Communication Setting and Channel on Exclusion from Multiparty Negotiation Agreements", *Social Cognition* 27.3, 2009, 385-401.
TADELE, Feleke. "Barter in practice: a case study of liwactransaction in Addis Ababa", *Development in Practice* 10.2, 2000, 223.
TAK, W.Y, and Hung, K. L. "How Do Personality Traits Affect Construction Dispute Negotiation? Study of Big Five Personality Model", *Journal of Construction Engeenering and Management* ©, ASCE (3), 2011, 168-179.
THOMAS D. and Inkson, K. *Cultural Intelligence: people skills for global business*. BK Publishers, 2004.
THOMAS, K. W. and R. H. Kilmann. *Thomas-Kilmann Conflict Mode Instrument*, Tuxedo, NY: XICOM, Inc, 1974.
TINSLEY, C., S. Cheldelin, A. Schneider, and E. Amanatullah. "Women at the Bargaining Table: Pitfalls and Prospects", *Negotiation Journal* 25.2, 2009, 233-248.
TRIVERS, R. L. "The evolution of reciprocal altruism", *Quarterly Review of Biology* 46(1), 1971, 35-57.
TVERSKY, A., and D. Kahneman. "The framing of decisions and psychology of choice", *Science* 211, 1981, 453-458.
VELDEN, F., B. Beersma, and C. De Dreu. "Goal Expectations Meet Regulatory Focus: How Appetitive and Aversive Competition Influence Negotiation", *Social Cognition* 27.3, 2009, 437-454.

VIDAL, J. "Violencia fenicia en el Mediterráneo Oriental", *Antiguo Oriente*, 6, 2008, 213-228.

WADE-BENZONI, K. *Giving future generations a voice. In The negotiator's fieldbook: The desk reference for the experienced negotiator*, edited by A. K. Schneider and C. Honeyman, Washington, DC: American Bar Association, 2006.

WALTON and McKersie. *A Behavioral Theory of Labor Negotiations: An Analysis of a Social Interaction System,* ILR Press books, 1965; Cornell University Press, 1991.

WATZLAWICK, P., J. Weakland, and R. Fisch, *Change: Principles of problem formation and problem resolution*, New York: 1971.

WIDELL, Magnus. "Some Reflections on Babylonian Exchange during the End of the Third Millennium BC", *Journal of the Economic & Social History of the Orient* 48.3, 2005, 388-400.

YIFENG, N., D. Tjosvold, and W. Peiguan. "Effects of Warm-Heartedness and Reward Distribution on Negotiation", *Group Decision and Negotiation* 17.1, 2008, 79-96.

YOUNG, M. "Sharks, Saints, and Samurai: The Power of Ethics in Negotiations", *Negotiation Journal* 24.2, 2008, 145-155.

YOUNG, Oran R. "Politics of International Regime Formation: Managing Natural Resources and the Environment", *International Organization*, 1989, 349-376.

ZANOTTI, G.J. *Economía de Mercado y Doctrina Social de la Iglesia*, Editorial de Belgrado, 1985.

ZARTMAN, I.W. and Berman, M. *The Practical Negotiator*, New Haven: Yale University Press, 1982.

Otros recursos

http://www.orientalia.com.es/el-relato-de-wenamon/
http://phoenicia.org/wenamun.htm
http://patrimoniofenicio.blogspot.com.es/2009/01/el-relato-de-wenamon.html

Secrets of Archaeology: Sailing with the Phoenicians. (DVD 2003) Wheeling, IL: Film Ideas.

Contacto: hchamoun@me.com